PROGRAMAS E CÓDIGOS DE ÉTICA E CONDUTA

Vale a pena implantar?
Um roteiro para quem vai organizar

MARIO ERNESTO HUMBERG

São Paulo
2014

Editor: Fabio Humberg
Editora assistente: Cristina Bragato
Diagramação: João Carlos Porto
Capa: Prata Design
Revisão: Laura Ricca Humberg

Dados Internacionais de Catalogação na Publicação (CIP)
(Câmara Brasileira do Livro, SP, Brasil)

Humberg, Mario Ernesto
   Programas e códigos de ética e conduta : vale a pena implantar? : um roteiro para quem vai organizar / Mario Ernesto Humberg. -- São Paulo : Editora CLA Cultural, 2014.
   1. Empresas - Aspectos morais e éticos 2. Ética profissional I. Título.

13-11198   CDD-650.01

Índices para catálogo sistemático:
1. Programas e código de ética e conduta : Administração 650.01

Grafia atualizada segundo o Acordo Ortográfico da Língua Portuguesa de 1990, que entrou em vigor no Brasil em 1º de janeiro de 2009.

Editora CLA Cultural Ltda.
Tel: (11) 3766-9015
e-mail: editoracla@editoracla.com.br
www.editoracla.com.br

Agradecimentos

Este livro reflete minha experiência prática, iniciada na década de 1980, com projetos que tiveram importante participação de Ana Maria Oliveira de Jesus, que há mais de 30 anos é minha querida consorte, e alguns colaboradores da CL-A Comunicações, em particular Orlando Maretti, com quem preparamos as primeiras propostas e apresentações e o primeiro Código que foi possível implantar. À Ana Maria e ao Orlando, bem como a Ernesto Klotzel, Alberto Gambirasio (*in memoriam*) e Carlos Queiroz Telles (*in memoriam*), registro meus mais sinceros agradecimentos. Outros colaboradores da CL-A, ao longo dos mais de 30 anos da empresa, deixaram sua marca e participaram do processo, de diferentes formas.

Meu muito obrigado também à *Revista Expansão*, que durante um bom período manteve uma coluna fixa de artigos meus sobre o tema, reunidos, com outros publicados em diversos jornais e revistas do país, no livro *Ética na Política e na Empresa* (Editora CLA, 2002); bem como ao prefaciador e aos comentaristas daquela edição: José Mindlin (*in memoriam*), Jorge da Cunha Lima e Paulo Nassar, que enriqueceram a obra e meu conhecimento com seus textos. Agradecimento paternal a Fabio Humberg, da Editora CLA, que teve a coragem de investir em duas edições de livros do pai.

Registro também um obrigado especial a Herbert Schmid, que, quando presidente da Santista Têxtil, deu-nos a incumbência de preparar o Código de Ética da empresa, abrindo caminho para outras significativas intervenções. Vários profissionais da equipe dirigente da empresa à época, particularmente Nelson Tambelini Jr., foram muito importantes nessa primeira implantação. Manifesto também agradecimentos a todos os que contribuíram com suas ideias e que me convidaram a preparar outros Códigos ou realizar seminários e palestras, que certamente ampliaram minha visão e experiência na implantação de Códigos e Programas de Ética.

Deixo ainda manifesto meu apreço e agradecimento à professora Margarida Kunsch, da ECA – Escola de Comunicações e Artes da USP, Universidade de São Paulo, pelo convite anual para apresentar aos alunos do curso de extensão em Gestão da Comunicação informações básicas sobre a implantação dos Códigos. Em razão dessas palestras e de convites de várias outras faculdades de Relações Públicas e Comunicação para palestras aos alunos, incluí um rápido posfácio sobre o papel dos profissionais do setor.

Índice

Prefácio	7
Apresentação	15
Um pouco de história	21
Dificuldades para implantar Programas de Ética no Brasil	33
O relacionamento com os colaboradores no Brasil	39
Problemas com a área política e governamental	49
Oito passos para implantar um Programa e Código	55
1º Passo: O Comitê de Ética – para que criar e seu trabalho	61
2º Passo: Identificação dos valores e sua definição	65
3º Passo: Preparação do pré-Código	69
4º Passo: Ouvindo e escutando os questionamentos	73
5º Passo: Finalização do Código e aprovação	77
6º Passo: Implantação do Código	81
7º Passo: Programa de Ética é permanente	85
8º Passo: Avaliação e atualização sistemática e periódica	91
30 perguntas comuns	93
Posfácio: Os profissionais de comunicação e relações públicas e os Códigos	99
Apêndice: A nova Lei Anticorrupção e os Códigos de Conduta	103
Sugestões de Leitura	109

Prefácio

O tema da ÉTICA tem estado sempre presente com grande assiduidade em minha vida empresarial.

Não indo a priscas eras, lembro-me de que, quando dávamos os primeiros passos, em 1980, na implantação da BRASILPAR como companhia de capital de risco, deparei-me com uma insólita situação. No final do processo decisório de investimento de uma das companhias que analisávamos, fui procurado por seu maior acionista, com quem negociava os termos de nossa participação, que alegou, com as devidas justificativas, que a mesma tinha um Caixa 2, mas que não deveríamos nos preocupar, pois possuía uma contabilidade paralela devidamente "auditada"!

Obviamente, com a delicadeza que o caso indicava, desculpei-me e disse que não poderíamos continuar com nossa proposta! Isso levou-nos a estabelecer que, quando estivéssemos analisando alternativas de investimento e entrássemos numa fase negocial, deveríamos exigir que a companhia em análise subscrevesse um Código de Ética cujas bases fossem definidas por nossos advogados, através de uma minuta padrão.

Também convém não esquecer que o assunto Caixa 2 torna a empresa extremamente vulnerável. Como lembrava aquele experiente homem de empresa, quando a companhia tem Caixa 2, funcionários tornam-se sócios em potencial. Ou seja, fica extremamente dependente daqueles que internamente sabem de sua existência.

Isso me remete a outra experiência. O diretor comercial de determinada empresa do setor de alta tecnologia dizia que todo mês tinha que levar uma valise com X em dólares para uma determinada pessoa, seu cliente! Quando tomamos conhecimento dessa situação, obviamente suprimimos imediatamente tal prática, sendo alertados de que perderíamos negócios! Não foi sem surpresa que nada mudou e que os negócios dessa fonte continuaram no mesmo padrão! Ficou evidente que aquela *mala* ficava dentro da própria empresa!

Ainda no conceito da ética, um relato da minha experiência como participante do Conselho Curador (*Trustee*) do International Accounting Standard Board, mais conhecido como IASB. Ao discutirmos os padrões de contabilidade do sistema norte-americano, conhecido como FASB, e comparando-o com o padrão, propusemos o que hoje se tornou o conhecido IFRS, vendo como a questão da ética estava presente. Enquanto o sistema europeu se baseia em princípios, o americano, em regras (*Principle X Rules*). Assim, dentro da lógica das regras, tudo que não está proibido é permitido! No entanto, o sistema europeu, baseado em princípios, obriga a um julgamento ético, pois, ao conduzir a uma determinada contabilização, deveríamos ter sempre em vista o que é eticamente defensável.

Num contexto global, temos de reconhecer que, hoje, os Códigos de Ética vêm adquirindo um papel bem mais abrangente. Quando discutíamos no passado os conceitos de ética, eles estavam intimamente ligados à maneira de negociar da companhia e de como tratar seus acionistas minoritários.

Nas empresas em que atuei e continuo presente como participante de seu Conselho de Administração, sempre defendi um Código de Ética e de Conduta, que hoje diria estar quase que universalmente aceito.

Hoje, quando falamos de ética, temos que embutir a questão, por exemplo, da sustentabilidade. Ou seja, como eticamente aquela empresa se relaciona com seus diferentes públicos, em que se ressalta a questão do meio ambiente.

E não se pode discutir Ética sem discutir Valores. Em sociedades mais amadurecidas, nas quais Valores estão baseados principalmente em sua cultura, os conceitos do que é certo ou errado estão mais arraigados. Na dúvida, não faça: essa é a regra!

Lembro-me ainda de que, na avaliação de governança corporativa nas companhias abertas, os analistas saberão avaliar as que têm os padrões éticos.

No Governo do presidente Fernando Henrique Cardoso, fui convidado a compor o colegiado da Comissão de Ética Pública, que tinha como presidente o advogado Piquet Carneiro, e nesse grupo se incluíam o advogado Miguel Reale Jr., Lourdes Sola e Celina Amaral Peixoto. Foi uma experiência muito rica, na qual deixamos como legado, nessa primeira fase da Comissão, o Código de Conduta do funcionalismo público que vigora até hoje e tem sido muito usado e, por que não dizer, questionado.

E, por último, antes de entrar propriamente no excelente livro de Mario Ernesto, gostaria de deixar registrado que os Códigos de Ética e de Conduta não devem ser elaborados sem uma intensa participação dos diferentes segmentos da empresa, ou seja, eles não devem vir de cima para baixo, como uma imposição, e sim com total participação de todos os seus colaboradores.

O que dizer do trabalho do Mario Humberg? Longe de ser um Manual para a criação de Código de Ética nas empresas, o livro não foi produto de um teórico e sim de alguém com larga experiência. Nada contra os teóricos, mas, se pudermos associar a teoria à prática, tanto melhor!

Metodologicamente, o livro está bem construído. Nada melhor do que começar com um pouco de história: Mario nos lembra de que as discussões de ética empresarial e a sua presença em apresentações, relatórios e projetos de empresas abertas surgem na última década antes da virada do século.

Lembrar que ter implantado um Código de Ética não implica necessariamente evitar que muitas crises de mercado envolvessem empresas que tinham esses instrumentos de conduta estabelecidos há bastante tempo em sua governança.

O fundamental é pensar e agir eticamente. A palavra ÉTICA vem do grego *ethos*, que significa modos de ser ou caráter.

Na filosofia clássica, a ética não se resumia à moral, mas buscava a fundamentação teórica para encontrar o melhor modo de viver e conviver.

Nas crises ocorridas nos mercados financeiros, principalmente nos Estados Unidos, valores culturais funcionaram como forte estímulo para que Códigos de Ética fossem implementados, com padrões de contabilidade, e que controles mais rígidos fossem estabelecidos.

Mas, como a vida nos ensinou, não basta estabelecer regras! O importante é saber cumpri-las! Como o livro nos aponta, os exemplos vêm sempre de cima. O topo da empresa é que tem de dar demonstrações cabais da ética do seu comportamento, caso contrário acabará se transformando numa declaração de princípios e instrumento de marketing.

No entanto, não fica qualquer sombra de dúvida, como ele alerta, de que os Códigos representam instrumentos fundamentais para que diferentes organizações adotem uma postura social e ambientalmente responsável.

O que não falta são definições sobre Ética. Tempos atrás, em 1995, num seminário no qual fui expositor (Jornalismo e Ética), a melhor definição de Ética que selecionei para o encontro veio do *Dicionário de Negócios*, fortemente inspirado no *Webster*:

"conjunto de preceitos morais que se devem observar no exercício de uma profissão, nos negócios, na administração pública, na política; normas a que se devem ajustar as relações entre indivíduos, grupos e membros da sociedade."

Creio que o livro de Mario Ernesto Humberg capta muito bem essas definições, expostas com muita didática em seu trabalho.

Um argumento individualmente muito explorado é que, se você tiver um comportamento exemplar e seus concorrentes mais diretos não agirem da mesma maneira, você terá uma desvantagem competitiva. Creio que quem pensa assim e age contra padrões de ética terá vida curta. O autor cita apropriadamente um escritor indiano que nos fala do capitalismo consciente, que devemos defender incansavelmente.

Infelizmente, Mario nos lembra da flexibilidade ética, que deve ser tenazmente combatida.

O capítulo sobre o relacionamento com os colaboradores no Brasil é muito rico e nos remete a uma visão histórica de sua evolução. Salienta, como dissemos, a importância de ouvi-los.

Não menos rica é sua abordagem dos problemas com a área

política e governamental. Creio que nesse segmento, sabidamente, convivemos com um número expressivo de desvios de conduta, numa escala assustadora. Será que sempre foi assim ou agora temos uma transparência que não tínhamos no passado? Ele nos cita algumas experiências vividas que nos obrigam a refletir.

Finalmente, o livro termina com os 8 passos para implementar um Programa e Código de Ética.

Acho que os ensinamentos que nos transmite são de grande utilidade e certamente todos aqueles que o seguirem estarão trilhando um bom roteiro.

Portanto, Mario Ernesto Humberg nos traz uma excelente contribuição com seu livro, que aborda um tema de grande sensibilidade e atualidade.

Roberto Teixeira da Costa

Primeiro presidente da CVM (Comissão de Valores Mobiliários)
Fundador do Cebri (Centro Brasileiro de Relações Internacionais) e do CEAL (Conselho de Empresários da América Latina)
Membro dos Conselhos de Administração da Sul América, BNDESPar, BRIX, Fundação Padre Anchieta e Bladex
Presidente da Câmara de Arbitragem do Mercado (CAM)

Apresentação

Ética Empresarial passou a ser tema de apresentações, relatórios e projetos das empresas brasileiras apenas na última década do milênio passado, seguindo uma tendência delineada nos Estados Unidos a partir do final dos anos 1970, que também levou um tempo para se firmar na política das empresas da Europa e ainda não se consolidou na Ásia.

Em palestra realizada em São Paulo, em 1997, que tive a satisfação de acompanhar, o professor de Business Ethics na Wharton School da University of Pennsylvania, Thomas Donaldson, mostrou a grande evolução ocorrida no setor acadêmico de seu país, a partir dessa década.

Segundo ele, 20 anos antes, no final dos anos 1970, havia nos Estados Unidos apenas três livros sobre ética empresarial, e nas faculdades quase não existiam aulas sobre o tema.

Em 1997, em todas as mais de 7.000 faculdades do país já havia cursos a respeito e 90% dos alunos de administração cursavam a cadeira.

Nessa época, no Brasil, só era conhecida a cadeira de Ética Empresarial na Fundação Getúlio Vargas, em São Paulo, sob responsabilidade de Maria Cecília Arruda, autora do convite ao professor Donaldson.

Apesar de recente, tanto do ponto de vista acadêmico, como do ponto de vista das empresas, a Ética Empresarial (ou Organizacional, ou ainda Ética nos Negócios) vem evoluindo muito rapidamente entre nós.

No final da década de 2000, todas (ou quase todas) as faculdades de Administração possuíam uma cadeira, assim como outros segmentos universitários, e mesmo escolas secundárias a implantaram.

No universo empresarial e associativo cresceu muito a implantação de Códigos de Conduta ou Códigos de Ética, impulsionada pela exigência estabelecida na legislação norte-americana (lei Sarbanes-Oxley, para empresas com ações na Bolsa de Nova York) e pelo desejo de não ficar atrás dos concorrentes. Além, naturalmente, da própria motivação de muitos dirigentes de assegurar um comportamento que consideram adequado, de seus colaboradores e de outros públicos com que a organização se relaciona. Infelizmente, muitos desses códigos são implantados como cópia de diretrizes de outras organizações, sem o necessário envolvimento dos colaboradores, o que os torna pouco efetivos.

Vale a pena implantar?

O objetivo da implantação de Programas e Códigos é deixar claros e confirmar por escrito, a todos os seus *stakeholders*, os valores e as posturas da empresa, bem como o que ela espera em reciprocidade. O que, evidentemente, começa pela adoção desses valores pela equipe interna, a partir de seus dirigentes.

No entanto, como se observou nos escândalos do final dos anos 2000 e da primeira década do novo milênio, incluindo a grande crise financeira internacional de 2008, a existência de Códigos parece não ter influenciado o comportamento interno e externo de executivos e funcionários das organizações que estiveram no foco desses problemas, e o mesmo ocorreu, infelizmente, com as autoridades regulatórias.

No caso específico das empresas dos Estados Unidos colocadas no centro da grande crise do ano de 2008, as que mais sofreram perdas tinham seus Códigos de Ética, que deveriam ter conscientizado seus executivos a não negociar títulos que sabiam não ter lastro ou realizar manobras especulativas de alto risco, que estiveram na origem da bolha financeira e de sua explosão. Mais do que uma crise de expansão irracional dos mercados, como alguns a classificaram, o que se viu foi uma crise ética e de valores, motivada pela ganância e pela busca de altos ganhos pessoais, configurada na forma de bônus milionários. Ou, segundo o comentarista e escritor Thomas Friedman: "Nossa crise financeira foi resultado de uma ampla crise nacional do ponto de vista ético – que envolveu desde os tomadores de empréstimos até as instituições de empréstimos, as agências de classificação e os nossos políticos" (no *The New York Times*, reproduzido por *O Estado de S. Paulo* em 07/02/2010).

Da mesma forma, problemas com trabalho similar ao escravo têm sido constatados em fornecedores das principais cadeias de varejo em diferentes países, as quais parecem não se importar muito com o problema, mesmo quando ele vai para as manchetes da mídia. Um exemplo aconteceu com a queda de um prédio em Bangladesh, levando à morte de mais de 1.100 pessoas que nele trabalhavam na confecção de roupas para grandes grifes da Europa e dos Estados Unidos, todas com Códigos de Ética.

Se olharmos especificamente para o que vem acontecendo no Brasil, muitas empresas que têm Códigos se relacionam de forma inadequada com a área política e governamental, para dizer o mínimo, por meio de propinas e benesses, que boa parte dos ocupantes dos cargos públicos acha natural.

Apesar desses e de outros exemplos negativos, Códigos de Ética ou de Conduta são muito úteis para empresas e outras organizações que desejam adotar uma postura social e ambientalmente responsável. Ou, como se passou a usar mais recentemente, empresas que buscam atuar de forma sustentável. Sua implantação de forma adequada ajuda o comportamento das pessoas, e da empresa coletivamente, a seguir os parâmetros e valores claramente definidos no documento. E, mais do que isso, podem alertar para o desvio do que deveria ser a atitude correta em eventos e ocasiões em que a busca de resultados econômico-financeiros ou de outra ordem conflita com os valores da organização.

Infelizmente, nem sempre os Códigos correspondem ao que se pratica, por várias razões, entre as quais uma das mais importantes é sua falta de sintonia com a real maneira de pensar e agir da organização e de suas lideranças, pela forma como eles foram definidos. É bastante generalizada no Brasil a cópia de Códigos de outras empresas, em especial os que estão na internet, com apenas alguns ajustes e sua colocação como documento oficial da empresa, cuja história e valores são diferentes. Basta comparar boa parte dos Códigos hoje existentes para ver que seguem a mesma matriz, ou seja, não estão embasados na verdadeira cultura da organização, nem em seus objetivos de aprimoramento.

A preparação e implantação de um Código efetivo é um processo que envolve bastante a alta direção e implica custos de consultoria externa. Tudo começa com a análise da cultura real da organização, que precisa ser, na maioria das vezes, ajustada em aspectos decorrentes de distorções originais ou geradas no crescimento, em grande parte como consequência também de vícios da estrutura e da mentalidade reinante no país. Além disso, é preciso que o Código tenha como patrono o principal executivo da organização, e que ele assuma a paternidade, participe das definições, acompanhe e zele por seu cumprimento, além de cobrar por eventuais desvios. A ética das organizações é como a água, corre de cima para baixo. Se a liderança não está diretamente empenhada em cumprir e fazer cumprir os preceitos definidos em um Código, ele não é mais do que um papel cheio de letras, que serve apenas para atender a determinadas exigências de órgãos reguladores e para enfeitar relatórios, apresentações e o *site*.

Este livro não pretende teorizar sobre a ética nem sobre a ética empresarial, mas apenas refletir a minha experiência na implantação de Programas de Ética Organizacional e na discussão pós-implantação, além das opiniões ouvidas de participantes em mais de 100 palestras a respeito do tema, realizadas nos mais diversos rincões do país. Nele, dou continuidade a temas tratados no livro *Ética na Política e na Empresa*, de 2002, no texto "Ética Organizacional e Relações Públicas", publicado na *Revista Organicom* nº 5, de 2008, e em diversos artigos.

Espero, sobretudo, que o livro seja útil para quem planeja implantar ou reformular Códigos de Ética ou de Conduta em suas organizações.

O autor

Um pouco de história

Antes da implantação dos Códigos de Conduta ou de Ética como se concebe atualmente, as empresas e organizações se pautavam pelos valores e crenças de seus fundadores e donos, o que continua acontecendo em muitos casos. No livro *A Empresa Familiar a Salvo de Rupturas*, de Fernando Curado, editado em 2010, o empresário Sergio Andrade Carvalho, presidente do Conselho de Administração da Ancar Empreendimentos, dá um exemplo disto no prefácio: "Desde o início, convivemos com uma espécie de tábua de princípios. Os valores mais cultuados aqui são simplicidade, honestidade e perseverança. Meu pai esmerou-se em organizar o que havia aprendido com o fundador (o avô, que iniciou o grupo em 1929), disseminou conhecimento e experiência em frases que usava cotidianamente e, para nossa felicidade, tem influenciado a nós e a dirigentes de outras empresas brasileiras".

Esses valores eram, muitas vezes, transformados em normas, repassadas internamente pelos departamentos de pessoal ou, mais modernamente, pelas áreas de recursos humanos, o RH. Em outras empresas, essas determinações não chegavam a constituir uma declaração escrita, mas todos os empregados passavam logo nos primeiros dias a saber por conversa com os mais antigos que o patrão ou o chefe não gostava de determinadas atitudes dos subordinados, exigia outra forma de se apresentar ou de trabalhar. Algumas vezes, o comportamento esperado era definido por frases curtas colocadas em locais estratégicos e raramente ocorria ser explicitado por documentos mais extensos.

Os principais aspectos dessas normas antigas se referiam às relações com os empregados ou funcionários – quase sempre impondo restrições – e aos clientes, aos quais a empresa deveria buscar atender da melhor forma para garantir sua fidelidade. A relação com outros públicos de interesse (*stakeholders*) – governos, comunidade próxima, fornecedores, concorrentes, mídia – poucas vezes era objeto de normas. Quanto aos acionistas, quando a organização era de propriedade coletiva, existiam acordos entre eles, em geral fora do conhecimento de terceiros. Essa forma de atuar continua vigorando no Brasil e em outros países de forma bastante ampla, particularmente em grandes empresas de capital fechado e nas médias e pequenas organizações.

Alguns aspectos dessas normas são curiosos quando confrontados com as expectativas e a forma atual de as pessoas agirem. Assim, era comum nas lojas a frase "o cliente é a razão de nossa existência" ou algo similar, embora isso nem sempre determinasse um comportamento idôneo em relação ao mesmo. Por exemplo, um importante empresário do setor têxtil contou a meu pai que começara, na primeira metade do século XX, com uma alfaiataria localizada próximo à estação de trens, meio utilizado por seus clientes do interior para virem à capital paulista. Ele preparava os ternos com colete – como era normal à época, mas na hora de entregar deixava-o escorregar e ficar fora do pacote, na expectativa de que boa parte não reclamaria. "Era preciso alguma esperteza para ganhar mais", dizia ele. Outro se vangloriava de colocar areia para aumentar o peso das sacas com o produto que exportava e contou que, quando sua empresa ficara grande e importante, os amigos perguntavam a razão de ainda fazer isso se já era muito rico e ele respondera que "se não, vão pensar que eu deixei de ser esperto".

Também era usual a existência de placas que deixavam clara a limitação da transparência nos negócios, com dizeres como "não atendemos jornalistas nem vendedores, favor não insistir". Ou ainda a regulamentação de aspectos pessoais, com proibição do uso de barba pelos homens, calças compridas por mulheres, a exigência de gravata para os trabalhadores masculinos de escritórios e outras tantas normas, que hoje parecem estranhas, mas eram vigentes até recentemente. Em muitas empresas, os limites eram ainda mais estritos, de acordo com as crenças de seus donos, proibindo, por exemplo, a contratação de negros, orientais e judeus.

O surgimento dos Códigos

Os Códigos de Conduta ou de Ética vieram consolidar as normas de comportamento empresarial de modo mais claro e explícito, gerando uma nova forma, menos personalista e mais aberta, na definição dos padrões de atuação e exigência da organização, tanto em relação aos empregados, como em relação a outros grupos, no início particularmente clientes e fornecedores.

Sua grande expansão, ocorrida a partir da década de 1970, teve o primeiro impulso nos Estados Unidos com o chamado Escândalo Lockheed, a descoberta de que várias empresas do setor de equipamentos militares, entre as quais a que deu nome ao processo, subornavam autoridades de outros países para obter contratos. A divulgação da existência desse sistema de corrupção, que incluía até pessoas da Casa Real na Europa, levou a uma desconfiança geral em relação ao procedimento empresarial. Num país de tradição moralista, como os Estados Unidos, houve rápida reação dos meios de comunicação e de parcelas dos chamados formadores de opinião.

Como resposta à insatisfação social gerada no país, o governo criou o FCPA (Foreign Corruption Practices Act), estabelecendo sanções pesadas para a prática de atos de corrupção no exterior. Com isso, as empresas passaram a definir normas mais claras sobre seus modos de agir, incluindo nelas públicos ausentes das preocupações anteriores, como governos e seus agentes, acionistas e a sociedade em geral. Essas normas foram reunidas nos chamados Códigos de Conduta ou Códigos de Ética e originaram programas de divulgação, acompanhamento e auditoria dos mesmos, por meio de Comissões (ou Comitês de Ética) e mesmo de diretorias específicas – a Boeing, grande fornecedor de governos, criou inclusive uma Vice-Presidência de Ética.

A base para os Programas e Códigos era a definição de Ética Empresarial então adotada: o conjunto de formas de proceder das empresas em relação a seus públicos (*stakeholders*). Como diz um dos líderes da ISBEE[1], Georges Enderle, professor de International Business Ethics na University of Notre Dame: "*Business ethics* se refere a todas as atividades dos negócios e às regras que orientam os negócios... ética da concorrência, (ética) da inovação, (ética) financeira, (ética) do marketing etc. Todos são aspectos importantes da responsabilidade corporativa". (www.business.nd.edu/georgesenderle).

A partir do conceito de Ética Empresarial, passou-se também a falar em Ética Organizacional, para se referir a todas as organizações e não apenas às empresas. Outros preferiram manter o nome Ética nos Negócios. No entender do autor, teria sido melhor adotar Código de Conduta Empresarial, mas, na situação de crise da época, Ética era um termo de mais impacto. No final do século XX, e no início deste, outros grandes impulsos foram dados à implantação de Programas e Códigos de Ética, após a série

---

(1) International Society of Business, Economics, and Ethics – citação traduzida pelo autor.

de escândalos envolvendo as ligações de grandes empresas e políticos em países europeus como França, Itália e Alemanha, além de Coreia e Japão, onde havia forte resistência a adotar esse tipo de norma. O governo norte-americano pressionava pela adoção de Códigos de Conduta por empresas europeias e japonesas, particularmente em relação à corrupção de funcionários públicos e privados de outros países, considerando que a não adoção de normas tornava a concorrência desleal com as norte-americanas, controladas pelo FCPA.

No caso das grandes empresas dos Estados Unidos, inclusive seus representantes e consultores ou assessores eram, geralmente, obrigados a assinar um documento comprometendo-se a não transgredir o FCPA, como tive a experiência ao trabalhar para uma delas num projeto que envolvia busca de autorização do poder público.

Como resultado dessa pressão, uma resolução da maior importância no movimento pela ética empresarial foi tomada no final de 1997, em Paris, por 29 países da OCDE, ao assinarem um tratado considerando ilegal o pagamento de suborno ou propina a funcionários de países estrangeiros.

A decisão continuou a encontrar oposição de muitas empresas da Europa e da Ásia, que consideram inevitável essa prática para fechar negócios e contratos, particularmente nos chamados países subdesenvolvidos, em desenvolvimento e alguns do Leste Europeu. É curioso constatar que, em muitos países do primeiro mundo em que o comportamento ético das empresas era e é internamente exigido e cobrado pela sociedade, vigorava, antes desse acordo, uma estranha condescendência em relação à prática de suborno no estrangeiro, não apenas tolerada, mas inclusive dedutível como despesa, reduzindo a carga tributária.

O acordo estabelecido na OCDE obriga os governos dos países signatários a processar empresas que pagarem suborno a funcionários de governos estrangeiros. Ao mesmo tempo, torna ilegal o recebimento de propinas por seus próprios funcionários, o que não inova, e por parlamentares, o que muitos consideram difícil impedir, mas é uma mudança importante. O acordo foi validado pelos parlamentos da maior parte dos países signatários nos anos seguintes, mas a corrupção e os subornos continuaram a existir, envolvendo empresas desses países e de outros, que não faziam parte da OCDE.

Apesar dessas disposições internacionais, no início deste milênio outros escândalos voltaram a agitar o setor empresarial. Nos Estados Unidos houve quebra fraudulenta de grandes empresas, em 2002, das quais a Enron e a Arthur Andersen ficaram como símbolos. Em reação, o Congresso norte-americano aprovou a chamada Lei Sarbanes-Oxley (Sarbox) que criou novas exigências de transparência, ao lado de responsabilidades adicionais dos administradores e conselheiros. As empresas de capital aberto (*public companies*) passaram a ser obrigadas a ter um Código de Ética e sistemas de auditoria, o que se refletiu no Brasil, onde as principais companhias atuantes na Bovespa também negociam seus papéis na Bolsa de Nova York (NYSE).

Mais um reforço à ética empresarial foi dado pela assinatura, em 9 de dezembro de 2003, da Convenção das Nações Unidas Contra a Corrupção por mais de 110 países, inclusive o Brasil. Ela entrou em vigor internacionalmente em 14 de dezembro de 2005 e foi ratificada pelo Congresso e por decreto presidencial em nosso país. Trata-se do mais abrangente instrumento internacional sobre o tema, com efeito juridicamente vinculante. Os países que assinaram a Convenção ficam obrigados a cumprir os seus dispositivos, o que inclui a cooperação para recuperar somas de dinheiro desviadas, criminalização do suborno, lavagem de dinheiro e outros atos ligados à corrupção.

Pelo que é definido na Convenção em relação ao setor privado, cada país signatário deve, entre outras obrigações: "Promover a formulação de normas e procedimentos com o objetivo de salvaguardar a integridade das entidades privadas pertinentes, incluídos códigos de conduta para o correto, honroso e devido exercício das atividades comerciais e de todas as profissões pertinentes e para a prevenção de conflitos de interesses, assim como para a promoção do uso de boas práticas comerciais entre as empresas e as relações contratuais das empresas com o Estado".

Até o início dos anos 2000, os Códigos eram raros no país: apenas algumas multinacionais, especialmente as de origem norte-americana, haviam implantado os seus (em geral apenas traduzidos), ao lado de poucas empresas de controle nacional. Depois de 2002, Códigos de Ética ou de Conduta, formulados de forma abrangente e divulgados interna e externamente, foram implantados por muitas empresas no Brasil e se incorporaram à Governança Corporativa, processo de melhoria da gestão e transparência das empresas, iniciado pelas companhias de capital aberto.

A partir daí, passou a existir uma tendência geral das empresas, de outras organizações e mesmo de áreas governamentais para aprimorar normas e procedimentos internos e externos existentes, preparar Códigos e divulgar esses documentos. As motivações variam: para algumas empresas trata-se de não ficar atrás de concorrentes que têm o seu, outras buscam atender às exigências da Sarbox ou de seus sistemas de Governança Corporativa e existem aquelas que veem nos Códigos mais um programa promocional. Já para dirigentes empresariais mais esclarecidos, é uma forma de adicionar valor à empresa que dirigem e obter ganhos no clima interno e nas relações externas.

Vários autores chamam a atenção para a correta motivação da implantação do Código de Ética, como é o caso de uma das maiores especialistas brasileiras, a professora Maria Cecília Coutinho de Arruda, da Fundação Getúlio Vargas (FGV-SP) e também membro do Comitê Executivo da ISBEE, de organizações brasileiras e latino-americanas do setor. Diz ela em seu livro sobre Códigos: "este livro trata da visão positiva de se criar um Código de Ética que acrescenta valor à instituição, sem a preocupação apenas mercadológica de satisfazer clientes ou fortalecer a imagem da organização para fins externos ou de relações públicas". Não que Cecília Arruda despreze esses efeitos, mas tanto ela como outros autores consideram que esses devem ser alguns dos resultados, e não a motivação para implantar o Código de Ética. Ao avaliar vários Códigos de Ética, de empresas e de entidades, incluídos no livro, Cecília Arruda julgou que sua motivação foi adequada e concluiu que "predomina, assim, o caráter construtivo".

Como menciono no texto de introdução a este livro, a crise econômica mundial iniciada em 2008, nos Estados Unidos, provocada pelo chamado *subprime*, mostrou que Códigos de Ética e de Conduta não bastam para deter comportamentos inadequados quando se pode ganhar muito ao infringi-los e não há engajamento direto da direção superior com sua aplicação e com a punição em caso de desvios. A maioria das empresas envolvidas na venda de títulos baseados em hipotecas de valor irreal, o *subprime*, dispunha de Códigos que não serviram de freio à ganância de seus operadores, nem de seus dirigentes. Segundo comentário do vice-presidente da Chase Home Finance, James Theckston, publicado por Nicholas D. Christoff no *The New York Times*, os banqueiros seniores fecharam os olhos para os desvios e as hipotecas sem lastro securitizadas e vendidas aos investidores: "Os figurões das corporações sabiam disso, mas imaginaram que conseguiriam milhões com isso – assim, quem se importa? Pensavam: o governo vai nos salvar" (tradução publicada no *Diário do Comércio*, de São Paulo, em 03/12/2011). Buscando maximizar seus ganhos, esses agentes criaram uma bolha que, ao se desfazer, levou milhões de pessoas ao redor do mundo a perderem seus empregos e suas propriedades.

Assim, é preciso sempre avaliar a importância das declarações e documentos pró-ética da empresa ou organização, comparando-os com seu efetivo desempenho em relação aos diferentes *stakeholders*. As empresas, seus acionistas, dirigentes e outros executivos têm, naturalmente, o objetivo de maximizar o lucro e sua participação no mesmo, de modo que só freios morais, legais e sociais – entre os quais os Códigos – podem fazer com que considerem uma possível redução dos resultados para não prejudicar algum dos grupos com que se relacionam.

Dificuldades para implantar Programas de Ética no Brasil

A implantação de um Programa de Ética abrangente implica, geralmente, algumas mudanças significativas na forma de proceder da organização. O Código de Ética ou de Conduta é uma declaração de princípios e, ao mesmo tempo, um estatuto ou constituição a que todos se obrigam, o que exige envolvimento e participação geral, a partir da presidência e diretoria, para se tornar efetivo. É diferente das antigas normas de procedimento definidas pela empresa, que estabeleciam apenas o que os empregados podiam, ou não, fazer e criavam sanções e restrições, e que muitas vezes também eram chamados de Código de Conduta e até de Código de Ética.

No início da formação das empresas, sua ética (ou, de modo mais adequado, seu comportamento) era pautada pela interação entre os valores aceitos pela sociedade e os dos donos. Os diferentes impactos das mudanças sociais ocorridas nos últimos séculos, como o crescimento do sindicalismo, a multiplicação das

ONGs – organizações não governamentais, a preocupação com o meio ambiente, a qualidade de vida e outras foram sendo assumidos nos Códigos de Ética. Contestações internas e externas vêm levando ao aperfeiçoamento desses documentos e à criação de verdadeiros Programas de Ética, que obrigam a organização e envolvem os *stakeholders*.

Como os pontos de partida para os Programas de Ética eram os valores da sociedade e dos donos das empresas, o problema no Brasil tem aí sua primeira dificuldade. As bases do que se chama comportamento ético, ou simplesmente ética, são valores como a integridade pessoal, a boa fé, o respeito pelos outros e pelo bem comum. Enquanto a integridade e a boa fé parecem ter deixado de ser valores para uma parte significativa das lideranças e da população brasileira, o respeito pelos outros e a busca pelo bem comum são muito recentes no país e ainda não consolidados. Basta lembrar que saímos do regime escravagista há pouco mais de 120 anos e sequelas desse tempo são ainda componentes da forma de agir de muitas pessoas das classes mais privilegiadas e se refletem nas demais.

Pode-se inclusive dizer que na maior parte da área empresarial (há exceções – e muitas, infelizmente) a situação em relação a esses aspectos é melhor do que no geral da sociedade, em função da própria necessidade que tem a empresa de gerar confiança interna e externa. Já no início do milênio, um importante consultor destacava: "Uma das grandes questões da liderança (empresarial) contemporânea é a integridade. Ela é necessária para que o líder consiga infundir segurança entre os liderados. Ele tem de ser confiável" (Warren Bennis, fundador do Leadership Institute – University of Southern Califórnia, em depoimento a Ângela Pimenta – *Exame*, 18/08/2004, p. 47).

O respeito pelos outros, para ser base ética da empresa, precisa ser uma postura abrangente, incluindo todos aqueles que com ela se relacionam, direta e indiretamente (*stakeholders*): empregados, clientes e consumidores, acionistas, fornecedores e financiadores, governos e seus agentes e órgãos, comunidade próxima, organizações não governamentais, lideranças sociais e sociedade em geral – o que, em Relações Públicas, denomina-se os públicos da empresa. Como diz o indiano Raj Sisoda, autor do livro *Os Segredos das Empresas Mais Queridas*: "as empresas bem sucedidas serão aquelas que fornecem aos seus empregados um senso de significado e propósito em seu trabalho, agregam valor real para os clientes, têm relações de longo prazo mutuamente vantajosas com seus fornecedores e são administradores conscientes do meio ambiente e da comunidade em que atuam" (revista *Líderes*, edição 46). É o que ele chama de Capitalismo Consciente.

No entanto, as primeiras pesquisas conduzidas no país sobre ética empresarial, na década de 1980, por entidades como a Fundação FIDES (1982), com a qual tive a satisfação de colaborar, apresentaram um panorama pouco animador: a maior parte das empresas preferia não responder às pesquisas ou, quando o fazia, mostrava lacunas em quase todos os seus relacionamentos. Não é de estranhar, num país em que a esperteza é considerada um valor, os políticos, governantes e a burocracia criam dificuldades para vender facilidades e a sociedade aceita esse comportamento. Trata-se de uma distorção que tem raízes históricas e que se repete ao longo dos séculos, apesar das constantes denúncias.

Roberto Teixeira da Costa, dirigente empresarial, responsável pela implantação da CVM (Comissão de Valores Mobiliários) e que participou da elaboração da reforma da Lei das S/A em 1976, lembra que o artigo 154 já estipulava que: "o administrador (da empresa) deve exercer as atribuições que a Lei e o Estatuto lhe conferem para lograr os fins no interesse da companhia, satisfeitas as exigências do **bem público** e a **função social** da empresa" (grifos do autor). No que se refere aos políticos, ele anotava: "O momento político que vive o Brasil tem sido marcado por uma grande riqueza de fatos que estão vindo a público e que, se devidamente analisados, poderão servir para uma importante mudança de hábitos e costumes que foram aceitos por nossa sociedade como normais ao longo do tempo" (*in* "As empresas e a ética" – XVIII Fórum Nacional INAE –15/05/2006).

Infelizmente, os fatos continuam a ser considerados "normais" ou se enquadram em uma das "leis" que o autor reuniu para identificar o padrão de comportamento de muitos brasileiros, particularmente dos políticos, mas também de lideranças empresariais, esportivas e até de grupos criminosos.

> **"Leis" que prejudicam o Brasil**
> - Lei do mais forte: quem pode manda e quem tem juízo obedece
> - Lei de Gerson: é preciso levar vantagem em tudo
> - Lei de Robertão ou dos políticos: é dando que se recebe
> - Lei dos espertos: se os outros podem e fazem, por que nós não?
> - Lei dos marxistas e outros grupos: os fins justificam os meios

Ao lado dessas "leis", profundamente arraigadas na maior parte das lideranças políticas e em outros segmentos sociais, existe uma forte tendência àquilo que eu costumo chamar de flexibilidade ética: aceitamos conviver e até aplaudir pessoas cujo comportamento foge à ética e, muitas vezes, é até claramente enquadrável como crime.

Muitos parecem seguir o que já dizia Antifonte no século V a.C.: "São proveitosos o ato justo e a obediência às leis, quando existem testemunhas de conduta. Mas se não corre o risco de ser descoberto, o indivíduo não precisa ser justo".

Esses aspectos dificultam especialmente a definição dos procedimentos da organização em relação a dois grupos de seus *stakeholders*: os funcionários ou empregados e os ocupantes de cargos públicos, políticos ou assemelhados.

Apesar da pesada carga histórica de hábitos negativos, a situação vem melhorando, com dirigentes cada vez mais voltados a seu papel na sociedade e não apenas na empresa. É o que diz, por exemplo, o filósofo Mario Sérgio Cortella em entrevistas: "os executivos brasileiros já estão mais conscientes do papel que podem exercer frente a suas equipes e seus desafios".

O relacionamento com os colaboradores no Brasil

Uma empresa, para ter seu comportamento classificado como ético, deve ter relações claras, corretas e de respeito com todos os seus públicos, mas a prioridade são seus colaboradores – empregados e terceirizados, que sentem diretamente qualquer desacerto ou falta de sintonia entre o declarado e o real. E aí, embora a evolução tenha sido muito grande nos últimos anos, ainda existem sérios problemas, derivados inicialmente de nossa formação histórica e continuados pela falta de investimento dos governos em educação pública e pela má distribuição de renda.

As relações de trabalho só começaram a ser reguladas no Brasil, com respeito aos empregados, a partir de 1925, 37 anos após o fim da escravidão, quando foi pela primeira vez regulamentado o direito a férias – 15 dias anuais. Mas até a chegada da CLT a situação dos trabalhadores era de total falta de garantias no trabalho e de direitos – não havia preocupação com segurança, condições de trabalho, idade mínima, jornada diária, direitos da gestante e da mãe etc.

Nesse ambiente de exploração do trabalhador, houve alguns casos significativos de aplicação de valores positivos no relacionamento com empregados, que hoje são citados como exemplos, entre os quais os de Luiz Tarquínio, na Bahia, Delmiro Gouveia, em Pernambuco, e Jorge Street, em São Paulo.

Luiz Tarquínio, filho de uma ex-escrava, fundou, em 1891, em Salvador, a Companhia Empório Industrial do Norte, que se tornou uma das maiores tecelagens do Brasil, como conta Eliana Bittencourt Dumêt em seu livro sobre o empreendedor. A empresa começou com o que era na época a maior Vila Operária do país, com 258 casas, além de toda a infraestrutura de lazer e de serviços. Segundo a autora, ele costumava dizer que "a necessidade de normas morais é tão antiga quanto a vida social e que a moral não possui sua origem fora do homem, e sim no homem que sente, pensa, transforma e constrói". Sua visão dos direitos do trabalho e do trabalhador foi a base para construir a Vila Operária três anos depois da libertação dos escravos, mas o tempo mostrou que essa iniciativa também trazia retorno financeiro: enquanto a média de faltas ao trabalho era de 15% nas outras fábricas, na sua não chegava a 1%. Os operários da fábrica e suas famílias tinham escola, assistência médica, cultural e esportiva, financiamentos, licença-maternidade e outros benefícios que só se tornariam comuns 100 anos depois.

Comportamento similar teve em São Paulo, no início do século XX, o médico, depois empresário, também do setor têxtil, Jorge Street (1863-1939). Iniciando atividades como produtor de sacaria de juta no Rio de Janeiro, Street mudou-se para São Paulo, adquirindo uma fábrica do mesmo setor, para a qual trouxe os equipamentos usados na unidade carioca. Foi um dos criadores do Centro Industrial do Brasil e seu presidente entre 1912 e 1916, no governo de Afonso Pena. Sua Companhia Nacional de Tecidos de Juta, instalada no atual bairro do Belenzinho, em São Paulo, tornou-se a maior empresa do setor, então muito importante por fornecer a sacaria necessária à exportação de café. Visitando constantemente as famílias dos operários, que viviam basicamente em cortiços, construiu, junto à fábrica, a Vila Operária Maria Zélia, entre 1911 e 1916, provavelmente o melhor projeto arquitetônico para esse tipo de empreendimento no Brasil, hoje tombado, e que serviu de exemplo a centenas de vilas operárias em São Paulo nas décadas seguintes. A fábrica dispunha de creche para filhos das operárias (que predominavam no setor têxtil), que parece ter sido a primeira no estado, enquanto a Vila Maria Zélia dispunha de escola, igreja, armazém, salão de festas etc., possibilitando a vida social e a interação de seus moradores.

Politicamente ativo nas entidades empresariais e um dos fundadores do Centro das Indústrias do Estado de São Paulo (CIESP), Jorge Street defendia os direitos dos operários, como na grande greve de 1917. Sua declaração na época a *O Estado de S. Paulo*, registrada no livro *Pioneiros e Empreendedores*, de Jacques

Marcovitch, é representativa de seu modo de pensar e agir: "Os operários têm razão. É preciso confessar que são justas suas reclamações. É forçoso reconhecer que, se chegamos a essa situação, tensa e violenta, isso se deve, em boa parte, à imprevidência dos próprios industriais, que não souberam atender em tempo às dificuldades e às angústias com que lutam os trabalhadores".

Os artigos de Jorge Street, na imprensa diária e em revistas, defendiam a necessidade da formação de uma consciência capitalística brasileira e de medidas de proteção aos operários, com o que não concordava boa parte de seus colegas industriais.

Enquanto a obra de Tarquínio não resistiu ao seu desaparecimento, a de Street ruiu com ele ainda vivo e, em 1929, ele abandonou definitivamente os negócios. Muitos atribuíram à sua visão social as dificuldades que enfrentou no pós-guerra, ao lado da retomada das importações e do aumento da concorrência. Defensor do direito de greve e da formação de sindicatos operários, Street dirigiu o Departamento Nacional da Indústria e Comércio, logo na criação do Ministério do Trabalho, em 1930, continuando a ser influente no desenvolvimento da indústria e de seu relacionamento com os trabalhadores.

Essa visão social era geralmente somada ao autoritarismo e ao paternalismo, no início dos anos 1900, como também mostra Jacques Marcovitch, no livro *Pioneiros e Empreendedores*. Um dos exemplos que ele cita é o de Delmiro Gouveia, que se tornou lendário no Nordeste, objeto de cordéis, músicas e outras manifestações populares. Sua fábrica de linhas em Pedra-AL, inaugurada em 1913, contava com moderna Vila Operária e oferecia excelentes condições aos moradores, mas era-se obrigado a viver dentro das regras e regulamentos que Delmiro criara, tanto na fábrica, como na Vila. Marcovitch registra que: "Aos recém-chegados, Delmiro costumava alertar que em Pedra ele era tudo: Deus, o diabo, a mais alta autoridade".

Outro caso citado por Marcovitch é o das Casas Pernambucanas e de Frederico Lundgren, filho do fundador, com o depoimento de um ex-contramestre sobre a chegada das leis trabalhistas, em 1937: "Naquele tempo era fácil encontrar trabalho na fábrica, não precisava de documentos nem nada. Havia muita folga no trabalho, e às vezes trabalhavam dez pessoas num lugar onde bastava uma. Mas quando vieram as leis, aí começaram a exigir documentos e a não admitir operários tão facilmente e a cortar salários. O coronel Frederico era bom, mas ele queria fazer a bondade dele, ele não queria que outro viesse e dissesse: Dê isso a esse rapaz. Aí ele resistiu às leis, evidentemente (2)".

---

(2) O grupo fundado por Herman Lundgren, e dirigido por seus filhos Frederico e Arthur a partir de 1907, era dono da Fábrica de Tecidos Paulista, no município de Paulista-PE e em 1924 inaugurou a fábrica Rio Tinto em Mamanguape-PB. Ambas contavam com Vilas Operárias de bom padrão, que chegaram a ter seis mil e três mil casas, respectivamente (em 1950), além de contarem com ferrovia, cerâmica, porto, usina, serviços de água e energia próprios, clínica, teatro, escolas, igreja, clube etc. Para vigiar os 241 km² de terras de propriedade do grupo em Paulista, chegou-se a ter 743 homens, que controlavam o comportamento dos operários e de suas famílias (Jacques Marcovitch, em *Pioneiros e Empreendedores* – vol.3, p. 42).

A situação evoluiu, mas, mesmo no pós-guerra e até recentemente, era comum a existência de empresas onde não se admitiam negros, pessoas com barba, com deficiências, mulheres ou outros grupos, havendo mesmo normas escritas sobre algumas dessas restrições. A situação vem mudando de forma constante, num processo que teve como marcos a criação da legislação trabalhista, em 1937, o fortalecimento das organizações sindicais e a crescente fiscalização dos governos, da mídia e da sociedade.

Assim, nos principais centros, os direitos básicos dos trabalhadores, como profissionais e como pessoas, são, de modo geral, respeitados. Apesar da evolução, não é incomum a ocorrência de greves e outras manifestações por abusos das chefias, com as empresas de controle asiático liderando esse processo. Também cresce continuamente na Justiça Trabalhista o número de processos por infração de regras contratuais, por assédio moral ou por outras razões. Trata-se de mais uma indicação da falta de adequado relacionamento empresa-empregado, mesmo descontando os grandes exageros e distorções que esse segmento jurídico apresenta, como mostra Percival Maricato em seu livro *Como Evitar Reclamações Trabalhistas*.

Na área rural e nas grandes obras, em especial, são constantes os abusos e tratamentos inadequados aos trabalhadores, o que vêm gerando acusações de trabalho escravo – nem sempre com a devida verificação e qualificação – e paralisações e greves, muitas das quais acompanhadas de atos de vandalismo.

Pode-se, portanto, concluir que não existe ainda, de modo mais amplo, o verdadeiro respeito ao trabalhador menos qualificado, que raramente é ouvido e que em muitos lugares continua a ser submetido a condições precárias de alojamento e tratamento, além de constrangimentos e assédio moral.

Ouvir cada trabalhador é importante

"Todos os empregados – e não apenas quem carrega uma pastinha – devem ser ouvidos. Os funcionários da fábrica precisam saber que são mais do que um par de mãos e uma simples engrenagem para a empresa. Suas ideias contam. Por isso, é preciso ouvi-los – tanto em fóruns organizados, onde os trabalhadores são encorajados a discutir formas de melhorar as operações da companhia, como informalmente, passeando pelo chão de fábrica" (Jack Welch com Suzy Welch, em *Exame*, 14/02/2007). Ou, como diz o Dalai Lama: "Somos todos iguais. Compartilhamos uma só casa, que devemos cuidar".

Minha experiência pessoal como consultor mostra que, além de ser uma atitude de respeito ao trabalhador, algo essencial na formulação do procedimento ético da organização, esse relacionamento mais amplo e aberto resulta em benefícios diretos. Tenho tido vários exemplos nos Cafés da Manhã com o Presidente, programa que desenvolvo para criar oportunidades de encontro entre a mais alta autoridade e a base da pirâmide. Num deles, um operário questionou por que o produto da empresa ia para um único país com tacos de madeira aparafusados na sua base – o que gerava trabalho e custos adicionais, além de obrigar à compra de madeira e a manter uma seção voltada a seu corte. O presidente não sabia. Foi verificado depois que o fornecedor anterior, que a empresa havia deslocado, tinha esse hábito, e que o cliente jogava fora os tacos. Sem a informação do operário, provavelmente a companhia continuaria a gastar nessa peça inútil, como já fazia havia alguns anos.

Ouvir os empregados e criar fóruns para que eles possam se manifestar é fundamental em qualquer empresa que deseje adotar uma postura socialmente correta.

Da mesma forma, a implantação de um Programa de Ética na empresa deve começar ouvindo todos os seus empregados. Vale relembrar que eles participam do dia a dia da organização e, por essa razão, são os primeiros a identificar qualquer dissonância entre o que se fala e escreve e o que realmente se pratica na empresa.

Essa consulta preliminar interna permite também obter informações sobre o que convém reforçar e sobre o que é preciso enfatizar como mudança de procedimentos da empresa e de sua equipe após a implantação do Código.

Os Programas de Ética podem estimular os colaboradores e aumentar sua eficácia operacional, pois, com um tratamento adequado e respeitoso, além do aumento da transparência, o foco torna-se a realização de bons negócios por toda a equipe, que acompanha e passa a ter interesse em melhores resultados para a empresa que assegura seu posto de trabalho e remuneração.

O Código deve ter claramente explicitados os comportamentos da empresa em relação a seus empregados, o que inclui políticas de não discriminação, promoção por mérito (e não por apadrinhamento) e outras, ao lado das tradicionais restrições impostas ao corpo funcional quanto ao uso dos bens da empresa, conflitos de interesse e outros.

Problemas com a área política e governamental

O relacionamento das empresas com a área política e de governo é um problema mundial, devido a pressões, corrupção, busca de vantagens e outros aspectos, que dificultam o comportamento ético. Mesmo em países de longa tradição de respeito às leis e onde a população cobra a integridade de seus representantes, é comum a ocorrência de desvios.

Um dos casos que teve maior destaque em tempos já não tão recentes foi o do chanceler Helmut Kohl, responsável pelo processo de unificação da Alemanha, acusado de ter recebido ilegalmente recursos para sua campanha eleitoral.

Nos Estados Unidos ocorreram vários escândalos, incluindo presidentes como Richard Nixon. No Japão, Coreia, Inglaterra, Espanha etc., acusações de corrupção, nepotismo, uso inadequado de recursos públicos e declarações falsas também vêm ocorrendo de forma bastante usual, incluindo altas autoridades. Isso para não falar dos constantes desvios que ocorrem em países sem tradição democrática, como Rússia, China e os da África.

A diferença entre os países desenvolvidos e o Brasil é que neles os desvios acabam sendo punidos, em geral, de duas maneiras: pela sanção legal, que já levou muitos à cadeia ou ao pagamento de multas de alto valor, e pela pressão social dos eleitores, que termina com suas carreiras políticas. Além do próprio reconhecimento do erro pelos acusados, que os leva a pedir demissão, se desculpar e se afastar das atividades.

Aqui no Brasil começaram a surgir, na segunda década do milênio, movimentações dos tribunais para a condenação por corrupção, mas ainda há muitas dúvidas de que elas venham a se generalizar. Quanto às pressões sociais, elas são limitadas e os políticos corruptos se reelegem seguidamente, na maioria dos casos. E sanção moral ainda não existe: ninguém se envergonha do roubo ou de outro malfeito, nome que a presidente Dilma Rousseff deu a esses desvios para torná-los menos impactantes para a sociedade.

Assim, o relacionamento com políticos, ocupantes de cargos públicos e outras autoridades, inclusive juízes, representa um forte desafio para a empresa que busca adotar procedimentos éticos e, em alguns casos, chega mesmo a inviabilizar seus negócios.

Há pelo menos dois problemas: um envolvendo recursos ilegais a serem repassados aos ocupantes de cargos ou a seus inter-

Problemas com a área política e governamental

mediários e outro envolvendo a adoção de posturas mentirosas para justificar ações eticamente inadequadas.

Posso citar vários casos de clientes com os quais trabalhei como consultor. Um deles, ainda na década de 1980, envolveu a importação de um equipamento antipoluição imprescindível para a operação da indústria sem causar problemas à vizinhança. Esta se mobilizara com apoio da mídia e de lideranças sociais para impedir a continuidade da produção, mas decidira aguardar a instalação do equipamento prometido pela empresa num determinado prazo. Ao chegar ao Brasil, dentro do cronograma previsto e comprometido com a comunidade, o equipamento teve sua liberação barrada pelo fiscal alfandegário, que alegou que havia erro em uma especificação e que só o liberaria com o pagamento de propina. A contestação ao laudo arbitrário do fiscal levaria meses, tendo em vista os procedimentos burocráticos. As opções eram, então: produzir com a poluição, prejudicando a comunidade; paralisar a fabricação e reduzir os empregos; ou pagar a propina. Consultado, recomendei aos dirigentes da empresa que adotassem a última alternativa, decisão difícil para um consultor de ética, mas necessária para evitar o impacto social e ambiental da retenção do equipamento.

Em outro caso, a empresa cliente era fornecedora indireta de uma área do governo, no qual as compras só ocorriam com o pagamento de propina, cujo valor ela precisava acrescentar no preço de seu cliente direto. Tratava-se de um negócio significativo, mas

51

não decisivo, e a empresa decidiu parar de fornecer, respeitando o Código de Ética que havíamos implantado.

Num terceiro caso, fui consultado pelo presidente da empresa, que planejava construir um novo prédio para a organização, mas a construtora escolhida havia informado que a liberação da obra só ocorreria em troca de uma contribuição a determinado político, que comandava a área e que alegava necessidade de recursos para a próxima campanha eleitoral. Aliás, esta é a mais comum das justificativas dos políticos para os desvios que promovem e para a solicitação de propina, embora não seja a única. Como eu tinha relações de coleguismo com um dos assessores do político em questão, consultei-o e soube que de fato a propina tinha sido pedida, mas representava metade do que a construtora informou. Ou seja, os dirigentes da construtora iam se aproveitar para recolher recursos por fora nessa operação, o que também ocorre frequentemente com os intermediários. Minha sugestão ao presidente da empresa foi procurar outro terreno e outra construtora, o que de fato ocorreu.

Se o problema é generalizado, como proceder nesse relacionamento? É uma dificuldade real para todos os que fornecem às diversas áreas de governo, em especial quando estas representam a maior parcela dos negócios.

Não há muitas alternativas: uma é desistir de trabalhar para políticos e governos, o que poucos querem, devido aos montantes de negócio, que quase sempre são maiores do que com a iniciativa privada, além de terem mais possibilidades de aditivos e complementações. Outra é limitar os trabalhos às raras áreas em que a corrupção e a deturpação da realidade não existem, ou pelo menos não atingem o ramo de atuação da empresa. E a terceira, adotada pela maioria dos que fornecem à área pública, é enquadrar-se na flexibilidade ética característica do país, dizendo uma coisa e fazendo outra. E contratando bons profissionais de comunicação e advogados para se defender quando acusados.

Oito passos para implantar um Programa e Código

A ética organizacional é, na prática, o respeito a determinados valores que se definem, incorporam e aceitam como os valores da organização. Algumas perguntas derivam dessa afirmação. Por que é importante para a organização definir seus valores? Por que ela deve se preocupar com a ética em sua atuação?

A resposta a essa e outras perguntas similares é que a existência, a permanência e os resultados da organização dependem de sua boa aceitação pela sociedade, a começar pelos próprios funcionários e passando pelos clientes, para chegar aos demais grupos sociais e à opinião pública em geral. O relacionamento fica mais previsível e efetivo quando a organização tem valores claramente definidos e seus parceiros sabem o que podem ou não esperar dela. Essa é a razão básica pela qual é necessário explicitar valores e procedimentos, ou seja, a ética organizacional, o que ajuda a manter um comportamento social adequado, a trazer para seus quadros os melhores profissionais, a evitar ou reduzir crises e problemas, assim como a atrair parceiros – clientes, fornecedores, acionistas e outros que compartilhem valores semelhantes.

A proposta de implantação do Programa e de um Código tem, além dessa busca de se relacionar melhor com a sociedade, outras origens nas organizações, seja para atender a questões societárias, acompanhar o procedimento dos concorrentes, evitar repetição de erros e problemas que ocorreram, atender a exigências de órgãos reguladores ou outras motivações.

Para que essa implantação traga resultados efetivos de consolidação das atitudes desejadas e promova as mudanças necessárias, é imprescindível um adequado processo de preparação e envolvimento da equipe interna. Na prática, pode-se dividir esse trabalho em oito passos, desde a tomada de decisão até a avaliação se o programa foi bem executado, exige alterações e/ou adaptações para tornar efetiva a prática daquilo a que se propôs. É fundamental que o processo seja participativo, de modo que todos sejam e sintam que foram ouvidos e envolvidos na elaboração do Código.

Embora alguns considerem que o trabalho possa ser executado pela equipe interna da organização, a prática mostra que o resultado é muito mais eficaz quando conduzido com auxílio e coordenação de consultores externos, não sujeitos aos mesmos melindres ou limitações críticas de quem também é funcionário ou mesmo dirigente. A definição do consultor a ser contratado é fundamental para obter eficácia na formulação e eficiência na adoção do Código. Ele precisa ter maturidade, experiência, discernimento, jogo de cintura (habilidade política e de relacionamento), entre outras características que possibilitem um trabalho coordenado com a equipe interna, sem ser objeto de manipulação por este ou aquele dirigente.

O processo deve ser iniciado pelo líder do programa, sempre o presidente ou dirigente maior da organização, para que todos o entendam como uma definição da empresa (ou organização) e não apenas como mero regulamento. Repito aqui o que disse na Apresentação: a ética das organizações é como a água, corre de cima para baixo. Se a direção da empresa ou organização não está diretamente empenhada em cumprir e fazer cumprir os preceitos definidos em um Código, ele não é mais do que um papel cheio de letras, que serve apenas para mostrar atualidade, atender a determinadas exigências de órgãos reguladores ou enfeitar paredes, relatórios e o *site*.

O primeiro passo, depois de definida a paternidade do processo, é criar um Comitê de Ética (ou Comissão de Ética), que responda diretamente ao presidente ou dirigente geral da organização. Cabe ao Comitê coordenar o processo de implantação durante as outras sete etapas e mesmo depois delas. Muitas vezes, esse comitê é alterado após a implantação, dependendo do resultado e do envolvimento obtido, razão pela qual é importante registrar seus participantes, suas decisões e ações.

O segundo passo é ouvir todos os trabalhadores, dos dirigentes ao chamado chão de fábrica, sobre o que eles consideram valores efetivamente existentes na organização, quais eles veem como positivos e quais eles sugerem que sejam alterados. Nas empresas que contam com um volume significativo de terceirizados, é conveniente que eles também sejam ouvidos.

O levantamento começa com um pronunciamento do líder da empresa, e suas conclusões devem originar uma discussão no Conselho e na Diretoria, para definição dos valores adotados pela empresa.

A partir daí, pode-se elaborar um pré-Código, para ser discutido e melhorado em várias instâncias internas, até se chegar a uma formulação final.

O pré-Código já deve ter claramente explicitados os comportamentos da empresa em relação aos diferentes públicos, em particular aos seus empregados, o que inclui políticas de não discriminação e outras, ao lado das tradicionais restrições impostas ao corpo funcional quanto ao uso dos bens da empresa, conflitos de interesse e outros.

A quarta etapa é ouvir diferentes setores da organização, como finanças, jurídico, produção, comercialização, recursos humanos etc., sobre o pré-Código, para identificar eventuais incorreções e prever comportamentos diversos dos realmente adotados e que, portanto, exigem alterações.

Feitos esses ajustes, é aconselhável expor o pré-Código a lideranças e colaboradores de diferentes segmentos, para que opinem e entendam – essas pessoas podem atuar como multiplicadores para apresentar e discutir seu conteúdo em cada uma das áreas da empresa.

Nesta altura, já se tem todos os elementos para concluir a elaboração do texto final do Código e sua aprovação, o quinto passo da implantação. A redação final deve novamente ser revista pelo Comitê de Ética e aprovada pela direção e pelo Conselho, quando ele existe. Após aprovado, procede-se à sua impressão, em número suficiente para todos os colaboradores internos e os principais públicos de relacionamento.

Estamos agora prontos para a efetiva implantação do Código, que deve ser inicialmente apresentado ao corpo de gerência e chefia, em reuniões participativas, conduzidas, de preferência, por quem foi responsável pela elaboração de seu conteúdo, para que as eventuais dúvidas sobre a aplicação sejam debatidas e esclarecidas. No final do encontro, o Código é distribuído aos presentes. Em seguida, repete-se a operação com os monitores, que vão levar a mesma apresentação aos demais empregados. Estes devem ser alvo dos diferentes canais de comunicação existentes na organização e estimulados a ler, participar, se informar e levantar dúvidas. Os departamentos de recrutamento precisam, a partir desse momento, também incorporar a apresentação do Código a seu sistema de seleção e integração.

O processo não termina com esse sexto passo. Como o Programa de Ética é uma ação permanente, ele exige a criação de sistemas adequados de consulta e acesso que devem estar prontos quando se inicia a distribuição do Código. Esses sistemas incluem um endereço de intranet, a definição de quem consultar com garantia de confidencialidade, se possível um ramal telefônico para acessar componentes do Comitê de Ética e outros meios de resolver dúvidas ou informar sobre suspeitas confidencialmente.

Finalizando a implantação, é necessário um sétimo passo: avaliar, depois de alguns meses, como está a incorporação de suas definições e seus princípios pelos colaboradores e por outros grupos de relacionamento, o que é feito por meio de auditorias. E, finalmente, no máximo a cada dois anos, é preciso reavaliar a formação do Comitê de Ética e rever o conteúdo, para atualizá-lo face às novas demandas sociais, legais e aos avanços tecnológicos.

1º Passo:
O Comitê de Ética – para que criar e qual é seu trabalho

Como central do Programa, deve existir um Comitê (ou Comissão) de Ética, ao qual todos tenham a possibilidade de se dirigir diretamente, seja de forma pessoal, por e-mail, telefone especial – por exemplo o chamado telefone vermelho – e ainda por outros sistemas indiretos, como urnas, mensagens escritas etc.

A criação e adequada constituição desse Comitê ou Comissão é essencial para garantir a correta implantação e, depois, a boa administração dos procedimentos em caso de dúvidas, questionamentos, denúncias e observação de irregularidades.

Quem deve ser escolhido para fazer parte do Comitê? São pessoas de diversas áreas da organização que se caracterizem por atitudes profissionais respeitadas pelos demais, uma vez que elas servem de parâmetro para a adoção ou não dos procedimentos previstos. Muito mais importante do que a formação profissional é a postura pessoal dos componentes do Comitê de Ética, que precisam ser reconhecidos pelos demais dirigentes e funcionários como pessoas "acima de qualquer suspeita" e que não aceitam um vale-tudo para aumentar o lucro da empresa ou obter benefícios pessoais.

Na composição desse Comitê de Ética, responsável pela coordenação do processo de preparação e implantação do Código e Programa de Ética, é importante ter profissionais de várias formações acadêmicas e experiências, formando um grupo de quatro a dez membros, dependendo do número total de funcionários. Se a estrutura organizacional é muito grande e espalhada, aconselhamos a formação de subcomitês que possam dar andamento às questões levantadas, reportando-se ao Comitê principal para os casos mais complexos. É indispensável incluir pessoas das áreas de recursos humanos, auditoria, jurídica e de *compliance*, que têm ligação direta com a aplicação do processo. Também é fundamental contar com a presença de diretores ou gerentes de produção, finanças, logística (compras e distribuição), comercialização e, se houver, de pós-venda, com diferentes níveis hierárquicos. Todos esses profissionais têm colaboração importante a dar, pelos diferentes contatos e experiências que somam.

É ainda necessário que, nas manifestações do Comitê, busque-se equilibrar o conteúdo e a linguagem, respeitando os variados segmentos que o compõem, suas posturas pessoais e a capacidade de compreensão dos demais participantes da organização. E ainda que se possa consolidar as observações para orientar mais adiante as atualizações e adequações do Código. Por essa razão, é muito interessante a presença no grupo do profissional de comunicação e relações públicas, que pode ajudar no ajuste da compreensão das mensagens a transmitir.

Na maior parte das organizações em que tive oportunidade de colaborar na implantação de Códigos e Programas, os profissionais de comunicação organizacional e relações públicas não faziam parte das Comissões de Ética, embora fossem responsáveis pela condução das políticas de relacionamento e de comunicação da empresa com os diferentes segmentos sociais e, inclusive, pela edição do Código. Essa situação, que parece estranha, em geral é explicada pelo receio de que, sendo profissionais de comunicação, eles possam divulgar procedimentos que deveriam se manter sigilosos, o que não faz qualquer sentido.

O Comitê deve contar com apoio de um consultor externo, periodicamente, para discussão e revisão do trabalho executado e das decisões tomadas, além de orientação. Os profissionais atuantes como consultores de ética organizacional têm origem variada, podendo-se citar como principais formações universitárias filosofia, direito, economia e administração. Muitos são ligados ao meio universitário, como professores, outros são profissionais com experiência empresarial, que já implantaram Programas onde trabalhavam. A formação acadêmica e a atuação no magistério ou nos negócios determinam diferentes abordagens das questões levantadas e da formatação do Código. Para os formados em filosofia, o enfoque parte dos conceitos de ética e de moral e essa base é trazida ao mundo das empresas. Já os advogados têm forte componente jurídico na sua visão, enquanto administradores partem, em geral, dos negócios para a forma ética de realizá-los.

2º Passo:
Identificação dos valores e sua definição

Todo Código de Conduta ou de Ética é baseado em valores, uma vez que, do ponto de vista prático, considera-se que as atitudes da organização e das pessoas a ela ligadas são éticas quando correspondem aos princípios e valores declarados e estes correspondem às expectativas da sociedade.

Assim, depois de constituído o Comitê de Ética para identificar os valores da organização, como percebidos por seus componentes e por outros grupos relacionados, a melhor ferramenta para o segundo passo é uma auditoria de opinião complementada por um levantamento abrangente dentro da empresa.

De início, na maior parte das organizações é preciso explicitar o que são valores, o que se costuma fazer com exemplos, uma vez que boa parte das pessoas não sabe definir claramente o que podem ser considerados os valores da organização e, muitas vezes, nem mesmo os seus pessoais. Até porque a palavra tem vários significados em português, como mostram os dicionários e a linguagem do dia a dia.

O *Dicionário da Academia Brasileira de Letras* (Companhia Editora Nacional, 2008 – 2ª edição) traz cinco definições para valor, começando com "preço atribuído a alguma coisa" e terminando com "princípio ético: os valores de uma sociedade", passando por utilidade, valia; qualidade, importância, mérito; e por validade, legitimidade.

Já o *Dicionário Aurélio* (Editora Nova Fronteira – 1ª edição) traz 15 definições, mas dá apenas o sentido que empregamos ao definir valores no plural: "as normas, princípios ou padrões sociais aceitos ou mantidos por indivíduo, classe, sociedade etc." Esses valores de determinados grupos podem ser positivos de acordo com a visão geral, mas também podem ser negativos para a sociedade, como é caso dos praticados por organizações criminosas ou marginais.

Vale ainda ressaltar que, embora seja uma ambição de movimentos e de entidades internacionais, praticamente não existem valores universais: eles dependem da época, da religião, da cultura etc. Até os direitos definidos pela Organização das Nações Unidas como universais sofrem restrições em diferentes países e grupos, que nem mesmo consideram o direito à vida como geral.

Portanto, é preciso clareza na auditoria ou pesquisa para identificar de fato os valores existentes na organização. Integridade, respeito às pessoas, respeito ao ambiente, transparência, dedicação, envolvimento, comprometimento e igualdade são alguns dos valores que a direção das empresas e organizações gostam de colocar como seus.

As auditorias de opinião internas, quando realizadas de forma independente, mostram que, ao lado de valores positivos percebidos, há sempre situações negativas, como preconceitos, apadrinhamento, discriminação, desrespeito, assédio etc.

Uma vez identificados os valores reais da cultura empresarial, é preciso definir quais devem permanecer, quais devem ser eliminados e quais devem ser acrescentados e desenvolvidos. Embora essa decisão caiba à alta direção e aos Conselhos de Administração, ela não é suficiente para que as necessárias mudanças ocorram, o que exige determinação clara de "fazer acontecer" com discussões abertas, campanhas internas, concursos etc., além da exemplaridade.

Em várias empresas em que tive oportunidade de trabalhar no processo de implantação de Códigos, Respeito às Pessoas era um valor declarado pela direção, mas as reclamações sobre exigências descabidas, pressões e retaliação eram bastante comuns, envolvendo o chamado assédio moral, exigência de serviços particulares para os chefes, assédio sexual, xingamentos, reprimendas em frente aos colegas etc.

Duas dessas exigências que causavam muita dúvida sobre o valor do respeito às pessoas eram a de não usar barba para os homens e a de não usar calça comprida para as mulheres, que já foram bastante gerais e vêm desaparecendo.

Definidos os valores que a empresa considera como os seus princípios, eles devem ser amplamente divulgados internamente, mesmo antes de se ter o Código, com as devidas explicações, para que passem a ser praticados e cobrados.

3º Passo:
Preparação do pré-Código

Esta é a parte mais delicada do trabalho, pois é ela que vai determinar a eficácia do que se pretende estabelecer como definição de comportamento e atitude da organização e sua expectativa em relação aos seus diferentes relacionamentos.

O que chamamos de pré-Código é, na verdade, um Código completo, que ainda não foi aprovado e testado e que, portanto, vai sofrer ajustes na fase seguinte, de modo a torná-lo efetivo. Assim, ele deve conter todos os elementos do Código final, ou seja, capítulos sobre o relacionamento interno e com os diversos segmentos da sociedade com que a empresa tem contatos, esclarecimentos sobre atitudes face a possíveis questões controversas, conflitos de interesse etc., além de indicações sobre quem consultar, quando e como. Entre os relacionamentos que precisam de uma definição dos padrões básicos da atitude da organização e o que ela espera em contrapartida estão os mostrados no quadro a seguir.

Relacionamentos a contemplar no Código

- Relações no Ambiente de Trabalho e Comunicação Interna
- Relações com Acionistas – capítulo que precisa ser especialmente cuidado nas empresas de capital aberto, mas que também é importante nas que possuem diversos sócios
- Relações com os Clientes e também com os Consumidores, no caso de empresas cujos produtos ou serviços chegam ao público por intermédio de revendedores
- Relações com Concorrentes
- Relações com Fornecedores
- Relações com Prestadores de Serviços
- Relações com o Setor Público, com especial detalhamento para empresas fornecedoras de governos
- Relações com Instituições de Classe
- Relações com Sindicatos laborais das categorias em que a organização atua
- Relações com a Comunidade Próxima e com a Sociedade
- Relações com os Meios de Comunicação
- Relações com Organizações Sociais, ONGs e outras.

> **Políticas da empresa que devem constar no Código**
>
> - Política de Qualidade
> - Política e Atuação Socioambiental
> - Política de Segurança e Saúde no Trabalho
> - Conflitos de Interesse e como agir
> - Quem consultar em caso de dúvidas ou problemas
> - Garantias individuais em caso de denúncias (não retaliação e cuidados para evitar acusações sem fundamento por razões pessoais de inimizade).

Além de contemplar esses diversos públicos, o Código deve ainda ter uma informação clara sobre políticas da empresa, mostradas no quadro acima.

Para que seja entendido por todas as categorias de profissionais que nela trabalham – e que devem estar de acordo com os valores da organização –, é preciso que o Código tenha linguagem clara e envolvente e que seja participativo e inclusivo. É muito comum, pela nossa tradição de mandonismo, a tentação, que precisa ser evitada, de escrever um Código autoritário, focado em punições e excludente. Por essa razão, aconselhamos que o pré-Código seja preparado ou pelo menos revisto por profissionais especializados, externos à organização, acostumados a lidar com diferentes linguagens e avaliar sua adequação aos diferentes públicos.

4º Passo:
Ouvindo (e escutando) os questionamentos

Pronto o pré-Código, ele deve ser apresentado à direção em uma ou mais reuniões participativas, como forma de comprovar seu correto direcionamento e vincular o comando à sua aplicação.

Os questionamentos que surgem nessa ocasião devem ser claramente avaliados e discutidos para serem incorporados às sugestões. O ideal é que essas reuniões sejam efetuadas apenas com os dirigentes e o consultor contratado, para que seja possível explicitar claramente os problemas, evitando que eventuais dúvidas venham a ser objeto de comentários posteriores e de geração de boatos.

Sugerimos que o pré-Código seja também apresentado aos monitores que serão os responsáveis pela multiplicação de seu conteúdo, de forma similar à descrita para os dirigentes. A boa escolha desses monitores é muito importante para que essas reuniões sejam produtivas e possibilitem a exposição das dúvidas e o surgimento de questionamentos.

Numa empresa em que tivemos a oportunidade de implantar o Código, um dos valores definidos pela direção era o Respeito às Pessoas. Embora os dirigentes considerassem que esse valor existia, os monitores discordavam, citando, por exemplo, a proibição de usar barba e comportamentos agressivos de determinadas chefias. Isso não significa que o valor devesse ser excluído, mas sim que era necessário reforçar esse aspecto entre os chefes e deixar claro que essa proibição não mais existia, e que ela foi muito comum no país durante décadas do século XX.

É claro que cada questionamento leva a novas dúvidas entre os monitores, que, tendo sido bem escolhidos, representam as várias áreas da organização. Eles precisam de maturidade para lidar com as diferenças de percepção das pessoas. Por exemplo, quando se esclarecia a dúvida se se podia usar barba na empresa, vinham logo em seguida outras perguntas: e saia curta pode? E *piercing*? E assim por diante, com a alegação de que, se existe respeito às pessoas, cada um determina a forma de se trajar e se apresentar. Embora as normas referentes a vestuário não devam fazer parte de Códigos de Ética ou de Conduta, tanto em relação a esse aspecto como a similares, é preciso que exista a definição de procedimentos gerais. E, além disso, que domine o bom senso: no caso do vestuário, é importante ter claro que, dependendo da área de atuação da empresa e do funcionário, seu traje deve ser adequado ao tipo de instalação ou função (laboratório, loja, fábrica etc.). Assim, o respeito às pessoas não é apenas da empresa em relação a seus funcionários e outros, mas também uma exigência que se estabelece para cada um na organização e nos grupos que com ela se relacionam, e aspectos como a apresentação fazem parte dessa forma de relacionamento com os demais.

Em função desses questionamentos e dúvidas que sempre aparecem em relação aos textos dos Códigos, que não podem ser extremamente detalhistas, os monitores são fundamentais, tanto para levantar com eles as questões que podem surgir em suas áreas de trabalho, como para orientá-los em relação às respostas possíveis.

Levantados dessa forma os previstos ou eventuais questionamentos e verificado o que se deve mudar ou complementar, é hora de finalizar o Código.

5º Passo:
Finalização do Código e aprovação

Incorporadas as observações pertinentes, chega-se à forma final ou quase final do Código, que deve então ser avaliado em profundidade pelo Comitê de Ética, responsável pela sua aplicação, observância e pela coordenação do Programa.

É fundamental que esse Comitê tenha condições de realizar um trabalho não burocrático nem apenas cerceador e punitivo, mas que ajude a organização a seguir as determinações do Código de forma envolvente.

Pela sua própria formação profissional e por suas atividades nas organizações, não se pode escolher pessoas que tenham apenas funções de controle para conseguir um bom resultado na finalização e aplicação do Código. Por exemplo, a tendência dos auditores é radicalizar controles com a implantação do *compliance*, a dos advogados é defensiva, buscando proteger a empresa contra possíveis riscos, e a dos profissionais de recursos humanos tende a ser normativa.

Por essa razão, é importante ter na composição do Comitê de Ética profissionais atuantes nas áreas operacionais, de marketing e comunicação, que têm contato com diferentes segmentos ligados direta ou indiretamente à empresa e podem ajudar no processo de conscientização e envolvimento.

A função repressiva e punitiva não pode ser dominante, embora deva existir – as infrações graves ao Código precisam ser punidas, sob pena de desmoralização do que se declara nesse documento, que é a "Constituição" da empresa.

Em seguida, a última verificação cabe ao comando da organização, recomendando-se envolver nesse passo também o Conselho de Administração, quando este existe, ou os acionistas não operacionais em empresas de capital fechado. Esta é, em geral, uma etapa difícil, pois os dirigentes principais da empresa tendem a considerar que o Código é responsabilidade do Comitê de Ética ou da área de RH e, como seu tempo é escasso, procuram delegar a responsabilidade de uma leitura detalhada.

Se os principais dirigentes não estiverem convencidos de que o documento é importante e dedicarem um tempo adequado ao seu entendimento e compreensão – e às observações que julgarem essenciais –, torna-se inútil todo o trabalho cuidadoso de preparação. Neste caso, o Código de Ética ou de Conduta é apenas mais um documento para cumprir uma obrigação determinada pelos regulamentos das empresas de capital aberto ou para constar no *site* e em declarações. Voltando ao que já dissemos anteriormente, ética organizacional é como água, corre de cima para baixo.

Por essa razão, um dos papéis essenciais do consultor é criar mecanismos e situações que facilitem e promovam o interesse e engajamento dos acionistas e do Conselho de Administração, mobilizando-os a participar do processo de definição e implantação do Código.

6º Passo:
Implantação do Código

Aprovado o Código pelo Comitê de Ética e pela direção, o que pode até exigir várias revisões, o passo seguinte é implantá-lo, inicialmente com o público interno e depois com os diversos segmentos sociais de relacionamento externo.

Para isso, ele precisa ser impresso, de forma que torne fácil e atraente sua leitura e consulta, uma vez que se deseja que ele seja um instrumento de informação e consulta permanente.

Nossa recomendação é que o Código seja entregue pessoalmente a cada colaborador, a começar pelos dirigentes e chefes, em reuniões de apresentação e discussão do seu conteúdo, para verificar sua compreensão e aceitação e identificar as naturais dificuldades inerentes a qualquer processo de mudança, que devem ser objeto de trabalho posterior.

Após essa apresentação e debate, os participantes assinam um documento confirmando que receberam o Código e reconhecem que devem se pautar pelo que nele consta.

Não termina aí o processo de implantação do Código, embora em muitas empresas se considere que este é o final do processo interno. É preciso, nos meses seguintes, usar os canais de comunicação interna, formais e informais, para discutir aspectos do conteúdo, esclarecendo seu significado. Alguns pontos são especialmente relevantes nesse cuidado de explicar posteriormente, em particular os conflitos de interesse e o uso de bens da organização.

Em paralelo, o Comitê de Ética deve estar preparado para dar resposta às dúvidas e questões que vão ser encaminhadas pelos diversos canais criados para atender a esse objetivo. Nossa sugestão é que se prepare um Manual de Perguntas e Respostas, com base nas questões já levantadas pelos monitores, de modo que se tenha o trabalho facilitado para esse atendimento, que precisa ser rápido. À medida que novas questões forem surgindo, é só incorporá-las ao Manual, que pode inclusive estar disponível para consulta na intranet. Já as questões individuais têm de ser avaliadas e respondidas uma a uma, muitas vezes pessoalmente, quando não forem anônimas, pelos componentes do Comitê de Ética, principalmente quando envolvem denúncias e acusações.

Depois de preparado o Código, é necessário que existam multiplicadores para apresentar e discutir seu conteúdo nas diversas áreas internas da empresa, com a capacidade de dar respostas às questões mais comuns e com acesso a outros dirigentes para buscar as respostas mais complexas. Como dissemos, como central do Programa deve existir uma Comissão de Ética, à qual todos tenham a possibilidade de se dirigir diretamente ou por meio de auditores ou consultores de ética, para levantar dúvidas e questionar comportamentos da empresa ou de outros componentes do corpo funcional.

7º Passo:
Programa de Ética é permanente

O contínuo desenvolvimento econômico, tecnológico e social traz sempre questões novas, de modo que o Programa de Ética precisa ser vivo e acompanhar as modificações no ambiente e na organização. Além de uma revisão no máximo a cada dois anos, é necessário acrescentar capítulos ou observações cada vez que essas alterações forem significativas. Esse é um papel que também cabe ao Comitê de Ética, que pode realizar esses ajustes diretamente ou recorrendo a consultores externos.

Quatro novos desafios são especialmente significativos para a Ética Empresarial no início do atual milênio, dois deles diretamente ligados aos empregados. O primeiro é o uso das novas tecnologias de comunicação, particularmente da internet, do telefone celular e dos novos meios de comunicação virtual, como blogs, Facebook, Twitter, Flickr, Instagram e outros, que criam necessidade de novas regras.

Trata-se de um desafio instigante e complexo, uma vez que não é fácil estabelecer regras aceitáveis para a maioria, que, ao mesmo tempo, permitam aproveitar criativamente esses novos instrumentos e meios de comunicação, sem afetar negativamente a organização. Os vários casos de má utilização, já ocorridos com diferentes empresas, mostram que esse é um campo em que é necessário muito discernimento para o estabelecimento e a atualização periódica das regras, acompanhando a evolução da tecnologia.

O segundo desafio vem da globalização, com busca de menores custos e generalização do capitalismo no mundo. Isso leva, por um lado, ao rápido crescimento de empresas em países sem regulamentações adequadas, o que cria concorrência desleal às empresas organizadas e que seguem critérios éticos. E, por outro, gera um número grande de mudanças no controle das empresas, com fusões e aquisições, a partir das quais é preciso repensar e reestruturar os Códigos existentes.

O terceiro desafio é o crescimento do número e da importância das organizações não governamentais, muitas das quais se tornaram especializadas e abertas ao diálogo, enquanto outras continuam a crer que o capitalismo, multinacionais e mesmo empresas são inimigos a destruir.

E o quarto são as novas tecnologias em geral, que criam necessidade da definição de parâmetros totalmente diferentes, como é o caso da biotecnologia, da nanotecnologia e outras.

Esses quatro novos desafios continuam a gerar novas necessidades de entendimento e definições por parte das empresas, num processo extremamente dinâmico, contínuo e acelerado.

No Brasil e em alguns outros países, há ainda um quinto desafio, que é a crescente desconfiança que os cidadãos têm dos diferentes órgãos dos governos e da corrupção política, o que leva a variadas formas de sonegação e burla, as quais passam a ser justificadas com a afirmativa de que os recursos tributários vão ser desviados.

Em relação aos novos desafios tecnológicos, os Códigos de Ética e Conduta, e mesmo as normas internas das organizações, estão estabelecendo regras sobre o uso do computador e da internet no trabalho. Trata-se, em escala muito maior, de um problema que já existia com o uso dos telefones para fins particulares, o que levou muitas organizações a estabelecer controles sobre as ligações, limitando o número de ramais e até colocando telefones públicos dentro de suas instalações.

Pode-se apontar três razões principais para as limitações estabelecidas no caso do telefone: uso do tempo de trabalho para fins particulares, custo das ligações privadas incidindo nas despesas da empresa e interrupção das tarefas, com queda da produtividade. No caso do computador e internet, a questão é muito mais complexa: além desses três fatores, já ampliados, há possibilidade de envio de mensagens pornográficas, ofensivas ou agressivas – com endereço (e-mail) e, muitas vezes, logotipo e nome da organização –, repasse interno das mensagens alheias ao trabalho, multiplicando a perda de tempo útil e de produtividade, remessa de informações confidenciais etc.

As organizações precisam estabelecer regras para evitar esses problemas, como restrição ao acesso a determinados *sites* e programas de mensagens, gravação de ligações telefônicas, verificação do conteúdo de e-mails enviados e recebidos etc. Essas medidas e outras, desde que claramente explicitadas, podem e devem fazer parte das regras e dos Códigos. Outras medidas tomadas por algumas empresas, como o uso indevido das gravações das câmeras internas, a espionagem etc., não são eticamente aceitáveis, pois significam controles sobre a privacidade individual.

Além de todos esses fatores a considerar na elaboração, atualização e divulgação do Código, é preciso lembrar que não há entendimento claro no país sobre qual o papel das empresas e a maior parte dos empresários não se preocupa em esclarecer, o que seria muito importante. Diferentes pesquisas ressaltam esse aspecto, que se agravou mais recentemente com a importância dada à sustentabilidade, que parece ter se tornado a mais relevante atividade das empresas, pelo destaque que vem recebendo na divulgação.

Continua valendo o que foi constatado há alguns anos pela revista *Exame* (edição de 30/03/2005), em uma pesquisa com empresários e com a opinião pública em geral. A matéria mostrou que dar lucro aos acionistas é o principal papel da empresa segundo os empresários (82%) e um aspecto pouco significativo para a opinião pública (10%), enquanto gerar empregos é prioritário para a opinião pública (93%) e secundário para os empresários (34%). O único ponto em que havia certa concordância era desenvolver o país – 60% da opinião pública e 50% dos empresários consideraram esse item relevante.

Em contraponto a essa visão da sociedade, os dirigentes empresariais, em vez de deixarem clara sua decisiva participação no progresso do país, vêm buscando apoiar e, principalmente, divulgar programas de responsabilidade social e ambiental, em especial os que têm grande impacto promocional. Em nosso entendimento, o Programa de Ética precisa deixar claro qual o significado da organização para evitar entendimentos unilaterais ou equivocados sobre a participação social da empresa.

8º Passo:
Avaliação e atualização periódica e sistemática

Implantado o Código, é fundamental que se crie um programa permanente de acompanhamento, auditoria, orientação e verificação de sua utilização e cumprimento, sem caráter de policiamento dos colaboradores e fornecedores. De certa forma, esse policiamento já está sendo desenvolvido a partir dos chamados programas de *compliance*, que têm foco mais legal e administrativo do que os Programas de Ética.

O trabalho de acompanhamento pode ser feito pelo próprio Comitê de Ética, por intermédio de palestras, conversas informais e abertura para consultas dos que têm dúvidas, além, naturalmente, do uso dos instrumentos de comunicação interna e externa da empresa, programas de visitas, eventos e outras oportunidades. Recomendamos que, anual ou bienalmente, seja feita uma pesquisa sobre a aplicação e as dúvidas em relação ao Código, o que também pode ser realizado por intermédio da inclusão de questões a respeito nas pesquisas de clima organizacional que as empresas costumam realizar periodicamente ou ainda por meio dos sistemas permanentes de informação existentes.

A percepção de que algo não está funcionando de acordo com o previsto no Código possibilita corrigir ou reforçar os valores da organização e suas exigências em relação aos colaboradores, fornecedores, meio ambiente, políticos e outros. Tendências positivas da sociedade, como o maior respeito ao ambiente, a busca de cultura, maior tempo para o lazer e o esporte, as mudanças na relação trabalho/tempo livre, a melhor percepção sobre o papel dos governos e políticos etc., também precisam ser acompanhadas e ajustadas ao longo do tempo.

Por outro lado, há aspectos negativos para as organizações, que exigem atenção e adaptações em seus Códigos. O número crescente de ações na Justiça do Trabalho – que tem um viés fortemente antiempresarial –, discussões sobre terceirização, assédio moral, assédio sexual, uso de vestimentas mais informais e mesmo provocativas, isonomia entre homens e mulheres, respeito à diversidade sexual, disputas desiguais com o Fisco etc. são alguns desses aspectos que tendem a gerar novos problemas para as empresas e exigir ajustes em seus Códigos.

Assim, é imprescindível que, além de acompanhar os movimentos da sociedade, a empresa, no máximo a cada dois anos, reveja e atualize seu Código, para compatibilizá-lo com as mudanças que ocorrem na sociedade, na tecnologia e na própria empresa.

30 perguntas comuns

O Comitê de Ética recebe uma variedade muito grande de perguntas com dúvidas sobre procedimentos internos ou externos, para as quais precisa dar respostas rápidas e consistentes, que variam conforme o local, as circunstâncias e a cultura da empresa. Boa parte das perguntas não tem relação direta com o Código de Ética ou de Conduta, mas mesmo assim elas precisam ser respondidas.

Selecionamos algumas das mais comuns, com o objetivo de possibilitar a discussão nos Comitês, como forma de se preparar para atender aos questionamentos sobre o Código e outros temas. Vale destacar mais uma vez que a adequada composição do Comitê é fundamental para que suas respostas ajudem a criar um clima construtivo a partir do Código e não um ambiente persecutório.

1. *A empresa precisa de um documento urgente e só consigo dando gorjeta ao encarregado. O que faço, dou ou perco o prazo?*

2. Entrou uma nova funcionária muito linda e provocante, que me convida para ficar depois do expediente e termos uma conversa particular aqui mesmo no escritório. Posso?

3. Sugeri ao chefe mudança numa rotina para economizar tempo e trazer benefícios para a empresa, mas ele diz que meu papel é fazer o trabalho e não trazer sugestões. O que faço?

4. Posso aceitar convite de fornecedor ou cliente para:
   - Um espetáculo caro, como, por exemplo, pré-estreia, Cirque du Soleil ou Fórmula 1?
   - Festas comemorativas ou de final de ano?
   - Almoços e jantares?
   - Fim de semana ou viagem?

5. Nosso Código limita o valor de brindes que podemos dar ou receber a 100 dólares. O que faço se receber brindes de maior valor?

6. Realizo um trabalho social voluntário. Posso pedir doações a fornecedores ou clientes da empresa?

7. Meu chefe e alguns colegas reclamaram que venho ao trabalho com roupas inadequadas (ou tatuagem ou piercing). Existe alguma norma a respeito?

8. Trabalho na recepção (ou segurança, secretaria, fábrica), não gosto de usar uniforme, mas me disseram que é obrigatório. Não posso vir vestido como quero?

9. *Nas festas da empresa, sempre são oferecidas bebidas alcoólicas e muitos acabam ficando alterados. Como responsável pela organização, o que faço?*

10. *Meu chefe me ofendeu em público por um erro, depois pediu desculpas, mas dias depois voltou a fazer a mesma coisa. Como procedo?*

11. *Se sofrer represália por não aceitar "sair" com meu chefe, como devo proceder?*

12. *Meu chefe ameaça com demissão por não fazer as coisas do jeito dele, com o qual não concordo. O que faço?*

13. *A quem eu denuncio assédio? E como vão verificar?*

14. *Tenho atuação política e gostaria de distribuir material de campanha do meu partido. Posso?*

15. *Recebo muitos e-mails de colegas com piadinhas, assuntos políticos e outros que nada têm a ver com o trabalho. Se eu responder, posso estar cometendo alguma infração?*

16. *Trabalho regularmente na empresa como pessoa jurídica, sem registro como empregado, o que foi exigido na minha contratação. Isso não é ilegal?*

17. *Indiquei um colega para trabalhar na empresa, mas ele é de uma religião que não permite o trabalho aos sábados, quando aqui há expediente. É possível estabelecer uma forma de compensar?*

18. A empresa quer me transferir para outra cidade, eu não quero e meu chefe diz que neste caso serei demitido, o que não gostaria que ocorresse. Sou obrigado a aceitar?

19. Por que a empresa traz profissionais de fora para cargos que poderiam representar uma promoção para quem já trabalha aqui?

20. Um fornecedor me ofereceu dinheiro para comprar de sua empresa e não do concorrente. Como denuncio sem criar problemas para mim?

21. Trabalho com vendas e o comprador de um cliente importante quer propina (comissão) para comprar, caso contrário vai dar o pedido para o concorrente. O que faço?

22. Fui chamado para uma reunião com os concorrentes, para fazermos um acerto de preço e dividirmos o mercado. Como procedo?

23. Na minha área, um colega foi pego desviando materiais, mas foi demitido sem ser por justa causa. Esse não é um exemplo ruim para todos?

24. Muitos táxis e restaurantes costumam perguntar de que valor quero a nota ou o recibo e vejo que alguns pedem com valor mais alto para debitar à empresa. Gostaria de mudar esse comportamento. Como proceder em relação a ele?

25. *Não temos um bom controle dos procedimentos de nossos terceirizados e fornecedores e já apareceram casos de trabalho análogo ao escravo ou de menores, que podem prejudicar a empresa. Deveríamos ter regras rígidas a respeito?*

26. *Alguns funcionários que estudam ou têm outra atividade fora usam os equipamentos e materiais da empresa para imprimir seus trabalhos na minha seção. Devo adverti-los para não fazer isso?*

27. *Posso usar a internet para pagar contas pessoais no banco? E para acessar meu e-mail privado?*

28. *Sei que a esposa de um colega entrou numa firma concorrente. Isso gera conflito de interesse? Como fazer?*

29. *Trabalho numa unidade situada em cidade pequena, e a maior parte das pessoas aqui tem laços de parentesco ou forte amizade, o que torna praticamente impossível realizar compras ou contratar serviços de pessoas que não tenham parentes na empresa, como determina o Código. Como proceder?*

30. *Posso vender chocolates feitos pela minha prima na empresa? Minha colega vende bijuterias (ou Avon ou Natura etc.). Há alguma restrição?*

Posfácio:
Os profissionais de comunicação e relações públicas e os Códigos

Como foi dito no texto principal do livro, os consultores, palestrantes e professores de ética organizacional têm origem variada, sendo as principais formações universitárias filosofia, direito, economia e administração.

Nas empresas, os coordenadores dos Programas de Ética também têm, em grande parte, a mesma origem quanto aos estudos, embora haja vários com formação em psicologia, especialmente quando originários das áreas de recursos humanos.

Há uma minoria que provém da área operacional, com formação em engenharia ou outra área técnica, que conhece bem os mecanismos internos da organização e, por interesse pessoal, dedicou-se a ampliar seu conhecimento da ética das organizações. É possível que existam alguns com formação em jornalismo, comunicação ou relações públicas, mas este não vem sendo um campo crescente de atuação dos profissionais desses setores.

Como é natural, diferentes estudos acadêmicos levam a processos e formas de atuação diversos, tanto na implantação dos Códigos, como em seu acompanhamento.

Cada uma dessas abordagens é importante, porém parcial, o que recomenda que a preparação e implantação de Códigos e Programas de Ética sejam feitas usando e consultando profissionais de várias formações acadêmicas e experiências, incluindo comunicadores.

O que se nota na prática é que os grupos responsáveis internamente pelo processo são geralmente compostos por pessoas apenas das áreas de recursos humanos, auditoria e jurídica, com a presença eventual de diretores ou gerentes de produção ou comercialização.

Todos esses profissionais têm colaboração importante a dar, mas é necessário que se busque equilibrar o conteúdo e a linguagem, respeitando os variados segmentos que compõem a organização e suas posturas pessoais, desde que as duas não entrem em conflito.

Na maior parte das empresas em que tive a oportunidade de trabalhar ou fazer palestras e seminários, os profissionais de comunicação organizacional e relações públicas não faziam parte das Comissões de Ética.

Posfácio

Por que poucos profissionais de comunicação e relações públicas atuam no setor?

Em parte pelo questionamento que ainda se faz à profissão de relações públicas e a seus objetivos, que muitas vezes são vistos pelos dirigentes como "encobrir os problemas, enfeitar situações ou manipular informações". Assim, o livro de Maria Cecília Arruda sobre os Códigos cita texto de Robert C. Salomon: "os dirigentes de empresas revoltam-se quando suas boas ações são interpretadas como meras relações públicas, como recurso de publicidade ou como forma de reduzir impostos". Esse "meras" no texto é sintomático dessa percepção negativa.

Felizmente, há cada vez mais consciência entre os profissionais do setor de RP de que seu papel não é enfeitar situações, mas sim o de explicitar com clareza a visão da organização, ouvir as opiniões contrárias e buscar formas de compatibilizar os dois ou mais lados.

Outra restrição mencionada se refere à confiabilidade de incluir profissionais de comunicação na fase de discussão de valores, com receio de que possam repassar à mídia e a outros canais informações negativas sobre a empresa e seu clima organizacional. Esse questionamento vem sendo eliminado, pois os profissionais do setor estão assumindo um papel mais estratégico nas organizações, como diretores de assuntos corporativos (ou outro nome similar), o que os torna participantes das discussões.

Mesmo assim, nestes primeiros anos da década de 2010, eles continuam ausentes da discussão dos Códigos, o que abre um campo para ampliar sua atuação, dependendo do envolvimento de cada um.

Para aqueles que veem a profissão de relações públicas como forma de discutir e buscar formas de harmonizar diferentes percepções com ética, sem tentativas de manipulação ou distorção, a implantação de Códigos de Ética ou de Conduta oferece uma nova alternativa de realização profissional. Com base no instrumental de auditoria, relacionamento e comunicação, que é o cerne da profissão, estão preparados do ponto de vista prático a tornar mais fácil a identificação e a difusão dos valores que devem constituir os Códigos.

Apêndice:
A nova Lei Anticorrupção e os Códigos de Conduta

O texto do livro já estava pronto quando foi aprovada a Lei nº 12.846, chamada Lei Anticorrupção, com vigência a partir de 29 de janeiro de 2014. Não se trata apenas de um adicional à legislação existente, mas de um novo instrumental de punição administrativa para empresas que fujam aos padrões de conduta legalmente admitidos. E que reforça muito a importância de Códigos de Ética e Conduta efetivos, absorvidos e incorporados pelos gestores e demais colaboradores.

Algumas empresas começaram a se preparar para a vigência do novo diploma por meio de palestras e treinamentos internos, ajustes em seus Códigos, adoção de novas sistemáticas de relacionamento com fornecedores e clientes, reforço de programas de *compliance* e dos canais de informação confidencial.

A Lei Anticorrupção penaliza administrativamente as empresas, independente de sua responsabilização na esfera criminal. Ela atende às exigências estabelecidas no acordo da OCDE assinado pelo Brasil e à correspondente Convenção da ONU, e é similar às existentes nos Estados Unidos (Foreign Corrupt Practices Act – FCPA) e Inglaterra (UK Bribery Act), que também serviram de base à regulamentação adotada por outros países. Apesar da similaridade de objetivos, nossa lei é muito mais abrangente nos detalhes, correspondendo à própria estrutura legal brasileira.

O objetivo básico da Lei nº 12.846 é coibir a corrupção empresarial em relação aos agentes e à administração pública no país e no estrangeiro, penalizando a empresa (e não apenas seus executivos) com pesadas sanções financeiras e outras medidas. Como estabelece que a responsabilidade é objetiva, sua aplicação não depende de determinação de culpa, como também acontece, por exemplo, com o já bem conhecido Código de Defesa do Consumidor. As multas previstas vão de 0,1% a 20% do faturamento anual, além de outras penalidades que podem, inclusive, levar ao fim da empresa.

Ações sujeitas a sanções exigem mudanças

O hábito de exigir propina ou de oferecê-la para dar andamento a diversos procedimentos está amplamente difundido por aqui e poucas empresas deixam de adotar este tipo de comportamento, como se verificou mais uma vez, no final de 2013, em São

Paulo, com a corrupção no licenciamento de obras, o chamado Habite-se, envolvendo grandes empresas tanto de capital brasileiro como internacional.

A Lei nº 12.846 coloca no primeiro grupo de atividades sujeitas a sanções esse tipo de procedimento, incluindo genericamente a oferta de vantagens indevidas a agentes públicos, o que, além de propina em dinheiro, inclui pagamento de viagens e outros benefícios pessoais, também comuns no Brasil, apesar de limitados por muitos Códigos de Conduta ou Ética.

Infelizmente, nosso excesso de normas e leis, muitas das quais sem sentido, estimula esse tipo de comportamento tanto por parte das organizações, como dos fiscais e responsáveis pela obediência legal, como é o caso, por exemplo, das infrações aos códigos municipais de obras ou às regras de trânsito, da venda sem nota, com meia nota ou "nota calçada" (a chamada economia informal), para não falar de situações mais complexas, como a remessa de recursos ao exterior, o financiamento político por meio do Caixa 2 etc.

A utilização de laranjas e empresas fantasmas, formas muito comuns de desviar recursos para financiar campanhas políticas ou para simples enriquecimento dos agentes e benefício das empresas, estão também expressamente previstas como puníveis pela Lei Anticorrupção. Poucos Códigos de Ética e de Conduta abordam o tema, que deverá ser acrescentado a eles.

A tentativa de frustrar investigações e fiscalizações das autoridades, bastante habitual e que faz parte da falta de transparência de muitas organizações, é igualmente prevista como razão para multas e outras sanções. Da mesma forma, estão enquadradas como delitos manipulações em licitações e em contratos, problema que não ocorre só entre nós na relação público-privado, como ficou claramente demonstrado nos casos de acordo de preços e formação de cartel pela Siemens, Alstom e outras empresas que tiveram de fazer acordos na justiça da Europa e dos Estados Unidos e estão acertando suas questões no Brasil.

Este também é um ponto que não consta em boa parte dos Códigos. A realização de atos ilícitos, como é natural, também está expressamente incluída entre os possíveis objetos de punição pela nova legislação.

Embora tratados separadamente na nova legislação, esses diversos delitos são, muitas vezes, cumulativos. Nas áreas em que eles são mais comuns e repetitivos, como nos casos da relação de fornecedores com o poder público em suas diversas esferas e da obtenção de diferentes tipos de licenças (ambiental, de instalação, de funcionamento etc.), será necessária uma significativa mudança na forma de agir das organizações, para não se submeter a crescentes riscos de punição e/ou de extorsão.

Vale destacar que a nova legislação amplia em muito a força das tentativas de extorsão por agentes públicos de má-fé, que passam a poder ameaçar com punições pecuniárias muito mais pesadas as empresas que apresentarem pontos vulneráveis. E, infelizmente, não são poucos os agentes públicos que adotam esse tipo de prática, muitas vezes, inclusive, de forma corporativa. É necessário que os três níveis de governo criem sistemas de disque-denúncia confidenciais para que as empresas possam apontar corruptos, sem o atual risco de serem vítimas de seus colegas e comparsas.

Algumas organizações põem em dúvida a eficácia da nova lei, lembrando que somos um país diferenciado, em que algumas leis pegam e outras não. Argumentam ainda que, mesmo nos Estados Unidos, pioneiros no estabelecimento de sanções contra propinas e outras formas de corrupção a agentes públicos no exterior, a aplicação generalizada da legislação anticorrupção (FCPA) tomou cerca de duas décadas, e no Brasil tivemos casos de infrações cometidas por empresas norte-americanas em 2013, três décadas após a implantação.

Vale ainda destacar que, se a lei efetivamente pegar, os primeiros a sentir os efeitos serão os políticos, cujas campanhas são, em sua maior parte, financiadas pelos mecanismos previstos na lei como suscetíveis de punição.

Oportunidade para mudanças positivas

A importância de preparar ou ajustar de forma adequada e participativa os Códigos de Ética ou Conduta cresce com a nova lei. Sua adoção efetiva na empresa, além de ter papel motivador para melhorar a organização e seus procedimentos e reduzir a ocorrência de infrações, passa a ser considerada elemento redutor das penalidades a que estaria sujeita por desobedecer ao previsto na Lei Anticorrupção.

Embora o foco da legislação seja punitivo, persecutório até, ela cria novas oportunidades de satisfação para as organizações que adotam políticas e procedimentos corretos, bem como para seus dirigentes, funcionários e colaboradores. É parte da natureza humana buscar a perfeição, o fazer bem feito, ter a consciência de que está agindo corretamente, com clareza e sem temor de ser acusado de burlar qualquer regra social e moralmente aceita.

No entanto, considerando a realidade do país, todos os que agem ou desejam agir corretamente precisam se empenhar para reduzir as normas, os regulamentos e as leis, bem como a forma de estabelecê-los, pois é difícil estar permanentemente dentro dos parâmetros face às constantes mudanças de regras criadas nos diferentes níveis de poder. Esse é um novo e importante papel a ser assumido pelas entidades empresariais.

Precisamos ter a possibilidade de viver num Brasil em que a confiança nas pessoas e organizações passe a ser a regra e as exceções sejam punidas, e não como ocorre hoje, com legislação e normas feitas pensando que todos querem agir de modo incorreto.

Sugestões de Leitura

Há no Brasil abundância de livros sobre ética empresarial, entre os quais selecionei os que estão na minha biblioteca privada, resultando numa listagem que não é completa e que talvez não inclua obras tão ou mais interessantes e fundamentais. A indicação é feita como forma de complementar este Manual, em que procurei enfatizar os aspectos práticos de implantação de Códigos.

- *A Empresa Familiar a Salvo de Rupturas* – Fernando Curado. Saint Paul, 2010.
- *Arbitragem nos Conflitos Trabalhistas* – Mario Carvalho de Jesus (coord.). JMJ, 1991.
- *Auto Engano* – Eduardo Giannetti. Companhia das Letras, 1997.
- *Código de Ética* – Maria Cecília Coutinho de Arruda. Negócio Editora, 2002.
- *Compaixão ou Competição* – Dalai Lama. Palas Athena, 2006.
- *Corporação 2020* – Pavan Sukhdev. Planeta Sustentável, 2013.
- *Corrupção e Direito Penal* – Roberto Livianu. Quartier Latin, 2006.

- *Da Ética Geral à Ética Empresarial* – Newton de Lucca. Quartier Latin, 2009.
- *Ethics and Excellence* – Robert C. Solomon. Oxford University Press, 1992.
- *Ética Aplicada à Advocacia* – Viviane Séllos Gondim. Campus, 2008.
- *Ética e Administração Pública* – Mauricio A. Ribeiro Lopes. Revista dos Tribunais, 1993.
- *Ética e Cidadania* – Herbert de Souza (Betinho) e Carla Rodrigues. Moderna, 1993.
- "Ética e Comunicação nas Empresas" – *Revista Organicom*, v. 5, n° 8, 2008.
- *Ética e Economia* – Marcos Fernandes Gonçalves da Silva. Campus, 2006.
- *Ética e Responsabilidade Social nos Negócios* – Patricia Almeida Ashley (org.). Saraiva, 2002.
- *Ética Empresarial* – Robert Henry Srour. Campus, 2000.
- *Ética na Política e na Empresa* – Mario Ernesto Humberg. CLA, 2002.
- *Ética na Vida das Empresas* – Maria do Carmo Whitaker (coord.). DVS, 2007.
- *Ética nas Empresas* – Laura L. Nash. Makron Books, 1993.
- *Ética no Trabalho* – Barbara Ley Toffler. Makron Books, 1993.
- *Ética nos Negócios* – Marvin T. Brown. Makron Books, 1993.

- *Ética pós-Moderna* – Zygmunt Bauman. Paulus, 1997.
- *O Despertar da Empresa Brasileira* – Rachel Regis e Jair Moggi. Ed. Cultrix, 1994.
- *O Ponto de Mutação* – Fritjof Capra. Cultrix, 1982.
- *O Pressuposto da Ética* – Ruy Martins Altenfelder Silva. CIEE, 2004.
- *O Princípio da Boa Fé: uma exigência ética* – Camila de Jesus Gonçalves. Elsevier, 2008.
- *Pioneiros e Empreendedores* – Jacques Marcovitch. Edusp, 2003.
- *Revista Bem Comum* – Fundação FIDES. Vários números.
- *Valores Humanos e Gestão* – Maria Luisa Mendes Teixeira (org.). Senac, 2008.